MUSICAL
MUSIC DIRECTOR

THE PERSONS

더퍼슨스는 한 산업 분야의 다양한 전문가들을 인터뷰하여 해당 분야에 대한 균형 잡힌 관점을 담는 인터뷰 컬렉션입니다. 일방향보다 다방향, 정체보다 변화, 독점보다 공유를 추구합니다. 더퍼슨스 시리즈는 다양한 분야에서 계속됩니다.

MUSICAL
MUSIC DIRECTOR
Interpreter behind the stage

Interviewer's Note

스무 살이 되던 해 봄, 대학로 소극장에서 생애 처음 봤던 뮤지컬의 감동은 십여 년이 훨씬 지난 지금까지도 생생합니다. 세세한 내용과 음악이 기억나지는 않지만 마치 첫사랑을 갓 시작한 사춘기 시절의 들뜬 감정 같은 여운이 일상까지 감싸던 느낌은 지금도 잊히지 않죠.

뮤지컬의 무엇이 나를 그토록 감동하게 만들었을까 생각했던 적이 있습니다. 배우들의 노래와 연기, 조화로운 세션, 화려한 조명과 무대미술, 그리고 숨소리까지 들을 수 있는 현장감까지. 모두 뮤지컬을 뮤지컬답게 만드는 중요한 요소지만 그중에서도 감정을 압도했던 부분은 단연 음악 그 자체였습니다. 인간 삶을 한줄기 꿰뚫어 행복으로 산란散亂하는 음악.

우리가 음악이라고 부르는 개념의 원류를 따라가 보면 인류가 자연에서 들을 수 있었던 소리들로부터 시작했을 것입니다. 예를 들어 물소리, 새소리, 나뭇가지 밟는 소리, 폭포 소리, 천둥 치는 소리 등이죠. 무엇보다 타인이 만들어내는 많은 소리, 돌망치로 무언가 박자감 있게 두드리는 소리, 소통하기 위해 입에서 내는 다양한 소리가 큰 영향을 미쳤을 테고요. 우연하게 낸 소리들에 박자가 붙고 음의 높낮이가 생기면서 인류는 듣는 즐거움을 알게 됐고, 그 즐거움을 의도적으로 기획하기 시작합니다. 이렇게 음악이라는 장르가 인간 삶에 점차 스며들었습니다.

음악을 통한 감동은 우연에 기반한 진심에서 나왔지만 그 감동을 뒤에서 기획하고 조정하는 역할 덕분에 더 풍성하게 즐길 수 있게 되었습니다. 이번『더퍼슨스 No.5: 뮤지컬 음악감독』의 주제인 뮤지컬 음악감독 역시 음악이라는 도구를 활용해 진심이 담긴 감동을 조립하고 포장하여 관객들에게 선보이죠.

통역가의 역할에 빗대어 볼 수도 있습니다. 음악이라는 언어에 메시지를 담아 관객들에게 전달하기 때문이죠. 배우들의 발성과 성량, 음악 시퀀스의 시작과 종료, 오케스트라 연주의 하모니 등 말과 글로 모두 설명할 수 없는 것들을 표현해 줍니다. 대부분의 우리는 음악으로 감정을 표현하고 싶어도 완성도 있게 표현할 수 있는 능력이 부족하기에. 뮤지컬 무대 뒤에서 음악이라는 언어를 세련되고 인상 깊게 구성해 우리가 마음으로 이해할 수 있도록 통역해 주는 음악감독의 역할, 이번 편의 부제가 'Interpreter behind the stage'인 이유입니다.

그런 의미에서 이번 시리즈에서는 각 인터뷰이가 작업했던 작품 목록을 함께 살펴보며 즐기기를 추천합니다. 연애를 글로 배울 수 없듯이 뮤지컬의 비언어적 가치와 풍부한 매력을 이 책의 한정된 테두리 안에 가두는 것은 너무나 안타까운 일이죠. 이미 봤던 작품이나 넘버 또는 아직 보지 못했지만 한 번쯤 보고 싶었던 작품들을 인터뷰이들이 어떤 의도로 기획하고 음악을 구성했는지 살펴보면 그 자체로 색다른 재미를 느낄 수 있습니다.

어떤 작품이든 하나의 작품은 결국 관객에 의해 완성됩니다. 뮤지컬 역시 마찬가지이기에 뮤지컬 음악감독을 비롯해 배우, 오케스트라, 스태프, 기획자 등은 선보이고 싶은 요리를 열심히 만들어 선보일 뿐이죠. 어떤 취향이 내 입맛에 맞을지는 먹어봐야 알겠으나, 거꾸로 생각해 보면 내 취향을 찾기 위해 여러 요리를 맛보는 경험도 필요합니다. 뮤지컬이라는 장르에 조금이라도 흥미가 있다면 이번 시리즈에 담긴 일곱 명의 뮤지컬 음악감독이 자신 있게 선보이는 레시피를 슬쩍 들여다보길 바랍니다. 머릿속에서 뮤지컬 무대의 은은한 실루엣이 그려지고 잔잔한 선율이 들리는 것만으로도 충분하죠. 그럴 수만 있다면 이 책 역시 지금 이 글을 읽고 있는 독자에 의해 완성된 것입니다.

사족으로 스무 살에 봤던 뮤지컬은 <뮤직 인 마이 하트>라는 작품입니다. 이번 시리즈에 담긴 인터뷰이 중 한 명이 작곡, 음악감독을 맡았던 작품이니 그분과의 인터뷰 내용 안에서 필자가 감동받았던 이유를 찾아보시길. 들뜨게 만들었던 그 감동을 함께 공유할 수 있다면 더할 나위 없겠습니다.

편집장 이시용

Interviewer's Note		v
Person 01.	뮤지컬 음악감독은 공연 그 자체에 초점을 맞춘다 오민영	01
Person 02.	뮤지컬 음악감독은 만족하지 않는다 원미솔	25
Person 03.	뮤지컬 음악감독은 치열한 순간 속에서 작품을 완성한다 신은경	49
Person 04.	뮤지컬 음악감독은 감동을 전달한다 이성준	83
Person 05.	뮤지컬 음악감독은 실력으로 이야기한다 김길려	109
Person 06.	뮤지컬 음악감독은 관객에게 마음을 건넨다 한정림	139
Person 07.	뮤지컬 음악감독은 모든 과정을 책임진다 김성수	167
Dictionary		191
Interviewees		197

PERSON 01

뮤지컬 음악감독은
공연 그 자체에 초점을 맞춘다

오민영

PERSON 01
오민영

자기소개 부탁드려요.

뮤지컬 음악감독 오민영입니다. 뮤지컬의 설계도라고 할 수 있는 대본과 곡이 그려지면, 이를 바탕으로 공연이라는 집을 완성하는 역할 중 음악 부분을 맡고 있어요. 공연 음악의 모든 부분에 관여하죠. 클래식 피아노를 전공했고 뮤지컬 공연의 반주로 뮤지컬 음악을 시작했어요. <렌트>, <아이다>, <시카고>, <고스트>, <빌리 엘리어트>, <마틸다> 등에서 음악감독을 맡았습니다.

주로 라이선스 작품을 다루었어요. 오랜 기간 해외 제작진과 협업하면서 국내외의 뮤지컬 음악감독 역할에 차이가 있다는 것을 느꼈을 듯해요.

국내와 해외의 뮤지컬 제작 시스템이 다르다 보니 확실히 차이가 있어요. 우선 해외에서는 음악감독을 포함한 제작진의 직무가 분명하게 구분되어 있어요. 국내도 해외와 유사하지만 상황에 따라 음악감독이 다양한 직무를 병행하기도 해요. 음악감독 일을 하면서 작곡, 편곡, 연주도 같이 하는 거죠.

창작 뮤지컬의 제작 기간을 예로 들어 볼게요. 보통 국내 제작 기간이 일 년이라고 한다면 해외는 국내보다 두세 배의 시간이 더 소요되는 편이에요. 기간이 길어지면 그만큼 소요되는 비용도 커지는데요. 시간과 비용을 절감하기 위해 음악감독이 직접 작곡과 편곡을 하기도 해요.

이렇게 할 수 있는 이유는 음악감독님 각자가 다양한 강점을 가지고 있기 때문이에요. 작곡을 잘하는 분, 편곡을 잘하는 분, 보컬 트레이닝을 잘하는 분, 연주를 잘하는 분이 있거든요. 음악감독을 하면서 자신의 강점을 활용한 역할까지 겸하는 거죠. 각각의 강점이 그분의 직업적 특성을 강화해 주는 셈이에요.

작품을 준비하고 마치기까지의 모든 과정에서 뮤지컬 음악감독의 중요도가 어느 정도인지 궁금해요.

음악감독은 뮤지컬 음악을 이루는 모든 요소가 작품과 균형을 이루도록 조절하는 역할을 해요. 구성원들의 의견을 조율하며 목표한 방향으로 작품을 만들어가죠. 작곡가가 어떤 의도를 담아 곡을 만들었다고 해볼게요. 이때 연출가는 작곡가의 의도는 이해하지만 작품 전체를 볼 때 곡 분위기 조절이 필요하다고 판단할 수 있어요. 그럴 때 음악감독은 객관적인 입장으로 양쪽의 의견을 수렴해요. 그중 작품에 더 적합한 의견을 수용하고 다른 의견을 가진 쪽을 설득하는데요. 조율 가능한 부분들을 발견한다면 새로운 방향을 다시 제안하기도 해요. 물론 연출가가 직접 작곡가에게 이야기하기도 하지만, 음악감독이라는 또 하나의 객관성을 가진 전문가를 통해 의견을 교류하는 거죠.

중간 입장에서 설득하는 일이 쉽지 않을 것 같네요. 의견 조율이 어려운 경우가 있었나요?

설득이 쉬운 건 아니지만 불가능하지는 않아요. 배우들과 공연 연습을 시작하면 조금 더 설득하기 쉬운 상황이 되고요. 연습하기 전에는 눈으로 확인할 수 있는 실체가 없기 때문에 대본과 곡에 힘이 실리지만, 연습이 시작되면 어떤 모습으로든 결과를 확인할 수 있기 때문에 현장에 힘이 실리거든요.

음악감독이 항상 설득만 하는 건 아니에요. 편곡가와 함께 공연에서 어떻게 연주할지 논의할 때는 적극적으로 의사를 밝혀요. 오케스트라의 인원수, 악기 구성 등에 대해서요. 물론 최종 결정에서는 작곡가의 의견도 반영하고요.

배우들을 설득할 때도 있나요?

배우들이 곡을 소화하기 위한 고민과 노력의 정도를 잘 알기 때문에 설득하기보다는 적절한 방향을 제시하고 의견을 물어봐요. '이 부분을 이렇게 시도하면 어떨 것 같아요?'라고 하죠. 배우들은 제가 제시한 방향으로 시도해 보고 그에 따른 결과에 수긍하면서 따라와요. 배우뿐만 아니라 작곡가, 작가, 연출가, 안무가와 같은 크리에이터부터 오케스트라, 밴드까지 모든 구성원들과 현장에서 서로 의견을 나누고 조율해 작품을 완성해 가는 일은 다른 구성원들이 할 수 없는 음악감독의 고유한 업무라고 생각해요.

뮤지컬 산업의 성장에 큰 영향을 준 요소로 관객 수를 꼽을 수 있는데요. 관객의 반응이 작품에 어느 정도 영향을 끼치는지 궁금해요.

뮤지컬은 대중문화이기 때문에 관객의 반응이 작품에 영향을 미치는 것은 자연스러운 현상이에요. 다만 그 영향을 과도하게 받아들여 공연의 기획의도나 방향을 수정하는 것은 창작자 또는 제작진으로서 고민이 필요하다고 봐요. 관객의 반응에 무감각하거나 또는 무분별하게 수용하는 것 모두 피해야 하죠. 그래서 공연하기 전에 각 분야의 전문가들이 적극적으로 개입해 관객이 만족할 수 있는 공연을 만들어야 된다고 생각해요. 해외의 경우 많은 공연이 관객과 타협하지 않는 힘을 가지고 있어요. 사전에 다양한 전문가들이 모여 오랜 시간 동안 공연을 만들었기 때문에 자연스레 그만큼의 힘을 갖는 거죠.

공연의 완성도를 평가할 때 가장 중요하게 생각하는 점은 무엇인가요?

우선 좋은 이야기를 가지고 있어야 해요. 좋은 이야기는 관객들의 여운을 지속할 수 있는 힘이 있거든요. 무대 위의 화려한 모습과 신나는 분위기도 좋은 이야기가 바탕이 되어야 더 빛을 발할 수 있죠. 또한 좋은 이야기로 좋은 대본을 만들 수 있어요. 좋은 대본은 좋은 작곡가들을 연결하고 좋은 작곡가들은 좋은 음악을 만들죠. 결국 이 모든 과정을 통해 만들어진 작품이 높은 완성도를 가진다고 생각해요.

공연의 완성도에 대해 제작진과 관객의 평가가 서로 다를 때도 있을 것 같네요.

작품의 완성도를 판단하는 기준이 다르니까요. 제작하는 입장에서는 한정된 공간과 정해진 시간 안에 관객에게 전달하고 싶은 이야기를 얼마나 잘 표현했는지가 중요해요. 반면 관객은 지금 눈앞에 펼쳐진 공연 모습 그 자체로 평가하는 편이에요. 특히 소설, 영화 등의 원작을 재현한 공연에서 평가가 많이 엇갈리는 듯해요. 다른 장르에서 대중에게 검증을 받은 작품일수록 관객의 기대감도 높아지니까요. 공연이 가진 물리적 한계로 다른 장르에서 경험했던 다양한 요소와 표현 기법을 볼 수 없으니 상대적으로 아쉬워하죠.

그렇다면 관객은 어떤 관점으로 뮤지컬을 관람하면 좋을까요?
뮤지컬은 무대 예술이라는 특성을 가진 장르예요. TV 드라마나 영화에서 볼 수 있는 방대한 설정과 세밀한 연출은 무대에서 표현하는 데 한계가 있어요. 그래서 영상으로 완성된 작품과는 다른 시각으로 보면 좋을 듯해요. 특히 원작이 유명한 작품을 뮤지컬로 볼 때는 원작을 얼마나 제대로 재현했는가 보다는 '뮤지컬 무대에서는 원작의 어떤 이야기를 보여주려고 할까?', '그 이야기를 무대에서 어떻게 표현할까?'에 집중하면 좋죠. 이런 관점으로 공연을 보고 완성도를 평가한다면 제작하는 입장에서도 관객의 평가를 더 겸허히 받아들일 수 있을 것 같네요.

공연을 준비하는 입장에서 공연의 완성도를 높이기 위해 어떤 노력을 하고 있나요?

원작의 이야기를 모두 구현하기 위해 지나치게 많은 요소를 무대에 올리기보다 '뮤지컬이라는 장르' 그 자체에 초점을 맞추려고 해요. 초점을 맞춘다는 의미는 무대에서 표현할 수 있는 이야기를 선별하고 그 이야기를 효과적으로 보여줄 수 있는 방법에 집중한다는 뜻이에요. 전략적으로 관객에게 무엇을 보여줄 것인가, 관객의 눈과 귀를 즐겁게 하면서 동시에 감성을 채울 수 있는 요소들을 어디에 어떻게 녹일 것인가를 더 깊이 고민하는 거죠.

공연의 완성도를 높이는 방법은 작품마다 다르겠죠.

창작 뮤지컬은 회차마다 수정과 보완하는 과정을 거치며 계속 공연의 완성도를 높여가요. 반면 레플리카 작품은 마지막 공연을 마칠 때까지 원작의 완성도를 그대로 유지하려고 노력하죠. 첫 레플리카 공연을 할 때 원작과 아주 동일하게, 말하자면 가사의 음절 수까지 똑같이 재현해야 하는 이유에 대해 의문을 가진 적이 있어요. 영어의 음절 수에 맞춰 한국어로 번역하면 오히려 원작 가사의 의미를 제대로 표현하는 단어를 사용하지 못할 수도 있거든요. 그런데 공연하면 할수록 매회 동일하게 원작의 완성도를 재현하는 일이 정말 어렵다는 것을 느꼈어요. 레플리카 공연은 새로운 것을 시도하지 않기 때문에 아무것도 안 하는 것이 아니라, 원작의 완성도를 유지하기 위해 지켜야 하는 것들을 부단히 지켜야 하는 장르였던 거예요. <마틸다> 작품을 할 당시 해외 연출가가 본국으로 돌아갈 때 국내 제작진에게 당부한 말이 기억나요. "<마틸다>라는 푸딩을 공연장이라는 접시에 올려두고 갑니다. 목적지인 마지막 공연까지 이 푸딩이 접시에서 흔들리거나 쏟아지지 않게 해주세요. 그 역할은 여러분의 몫입니다."라고요.

그럼 원작의 가사를 번역하는 것뿐만 아니라 번역된 가사를 노래로 표현하는 배우의 역할도 중요하겠네요. 음악감독으로서 배우들에게는 어떤 역할을 하나요?

배우들에게 주로 '안 돼.'라고 말하는 역할을 해요(웃음). 원작의 완성도를 유지하기 위해서는 배우들이 최상의 컨디션으로 인물의 감정을 원작과 동일하게 표현해야 하는데요. 배우들도 인간이다 보니 매일 최상의 컨디션일 수도 없고, 같은 역할만 하다 보니 매너리즘에 빠질 수가 있어요. 이런 경우 원작의 의도를 다르게 해석해서 공연할 수 있죠. 그때 배우들이 다시 객관성을 가지고 작품에 임할 수 있도록 원작의 방향을 제시해 줘요. 주로 연출가가 하는 일이지만 저도 공연의 완성도를 유지하기 위해 하고 있어요. 음악감독으로서 매회 가장 가까이에서 배우들이 연기하고 노래 부르는 모습을 보기 때문에 그들의 변화를 세밀하게 감지할 수밖에 없으니까요. 물론 저부터 객관성을 잃지 않기 위해 처음 연습했던 대본과 악보를 주기적으로 확인하면서 원작의 완성도를 상기하죠.

이번에는 배우 오디션에 대해 이야기해 볼게요. 레플리카 작품의 경우 배우 오디션을 볼 때 국내 제작진과 해외 제작진의 심사 기준이 다를 것 같은데요. 어떤 차이가 있는지 알려주세요.

우선 해외 제작진은 배우의 이미지를 중점적으로 봐요. 예쁘고 잘생긴 외모가 아니라 배우의 모습이 작품 속 인물과 얼마나 부합하는가를 보는 거예요. 그 기준이 명확하죠. <고스트> 오디션 때였어요. 해외 제작진은 남자 주연 배우의 키가 180cm 이상 돼야 한다고 고집했어요. 제가 '179cm의 키를 가진 배우는 어때요?'라고 물었더니 절대 안 된다고 하더라고요. 남자 배우가 작품 속 인물과 동일한 이미지를 가지고 있어야 관객들이 그 작품에 온전히 몰입할 수 있다는 거예요. 주연뿐만 아니라 조연도 동일한 기준을 적용해 선발해요. 등장인물 열 명이 춤을 추는 장면이 있다면 열 명 모두 각 인물의 이미지에 적합한 배우로 선발하는 거죠. 사실 해외 제작진이 연

기보다 이미지에 중점을 두는 것에 의문을 가졌었는데요. 실력은 훈련으로 향상할 수 있지만 배우가 가진 이미지는 그럴 수 없기 때문이라고 이해했어요.

이렇게 이미지를 기준으로 선발한 배우들은 최종 선발까지 어떤 과정을 거치나요?

1차 오디션에서는 배우의 외적 이미지에 중점을 두었다면 2차 오디션에서는 내적 이미지에 중점을 둬요. 상황 연기를 통해 배우의 내면을 살피고 등장인물의 삼성을 제대로 표현할 수 있는지 보는 거예요. 배우들에게 작품 속 한 장면을 시켜봐요. 누군가를 축복하는 마음을 담아 노래하는 장면이라고 하면요. 어떤 배우는 눈물이 그렁그렁 맺혀 슬프게, 어떤 배우는 진지한 태도로 무겁게, 어떤 배우는 웃으며 가볍게 표현해요. 이런 모습들을 통해 각 배우가 어떤 성격을 가지고 있는지, 등장인물의 감정을 어떻게 이해했는지 알 수 있어요.

또 배우들에게 특정 주제에 대한 경험을 물어보고 그때의 감정을 실어 노래로 표현해보라고 해요. 감정에 몰입한 배우는 자연스럽게 그때의 감정을 드러내고, 몰입하지 못한 배우는 기술적으로만 표현하기 때문에 구분이 되죠. 물론 기술적으로 너무 뛰어나면 심사하는 입장에서 많은 고민을 할 수밖에 없는데요(웃음). 시간이 소요되더라도 배우가 등장인물을 이해하기 위해 어느 정도까지 깊게 들여다보고, 그 감정을 표현할 수 있는지 살펴봐요.

배우 오디션을 진행할 때 어떤 이들이 심사위원으로 참석하나요? 다른 분야의 전문가들이 모여 심사를 하면 의견이 합치되지 않는 경우도 있을 텐데요.

배우 오디션에는 연출가, 음악감독, 안무감독 그리고 제작자가 참석해요. 심사하는 관점이 비슷해서 의견이 잘 모아지는 편인데, 그렇지 않을 때도 있어요. 음악감독은 배우가 노래를 잘해서 적합하다고 판단했지만 연출가는 등장인물과 이미지가 잘 맞지 않는다고 판단할 수 있죠. 이렇게 의견이 다른 경우에는 배우가 연기해야 하는 등장인물의 특징에 따라 어떤 전문가의 의견을 우선할 것인가 논의해요. 고음이 중요한 등장인물이라면 노래 실력이 중요하기 때문에 음악감독의 의견을 우선하는 식이죠. 실제로 저는 많이 양보하는 편이에요(웃음).

어떤 이에게 주로 양보하는 편인가요?

연출가요. 연출가가 공연을 총괄하기 때문에 연출가가 생각하는 공연의 전체 방향이 있을 것이라고 생각하거든요. 다만 양보할 때는 이로 인해 발생할 수 있는 위험 요소를 분명하게 전달해요. 배우들이 연기할 때 필요한 모든 요소에 강점을 가진 건 아니거든요. 정말 이 배우가 해야 되는 상황이라면, 강력하게 주장하기도 하죠.

그런데 점차 배우 오디션을 진행하지 않는 방향으로 가고 있는 듯해요. 특히 주연의 경우에요.

주연 배우의 경우 오디션보다는 사전 협의를 통해 선정하고 있어요. 다만 제작사에서 염두에 둔 배우가 있을 경우 그 배우의 일정과 공연 일정이 맞아야 함께 작품을 할 수 있는데요. 높은 선호도를 가진 배우일수록 일정을 맞추기 어려운 상황이 생길 수 있어요. 그래서 서로의 일정을 맞추기 위해 배우와 미리 계약을 진행하기도 하죠. 필요한 경우에는 정식 오디션이 아닌 제작진과의 미팅을 통해 약소한 형태로 오디션을 진행하기도 하고요.

저는 배우라면 누구나 자신이 하고 싶은 작품과 배역에 뜨거운 열정을 갖고 있다고 생각해요. 그 열정을 느낄 수 있는 현장이 바로 오디션이고요. 하지만 오디션이 점점 줄어드는 추세이다 보니 배우들의 열정 넘치는 모습을 볼 수 있는 기회가 줄어 아쉬움이 커요.

연주를 담당하는 그룹을 크게 클래식 음악 계열의 오케스트라와 실용음악 계열의 밴드로 나누더라고요. 각 그룹과 어떤 방식으로 소통하고 있나요?

각 장르의 연주 방식에 대한 이해를 바탕으로 소통하고 있어요. 두 장르가 연주하는 방식이 다르거든요. 오케스트라는 지휘자의 지휘에 맞춰 유동적으로 연주하는 반면, 밴드는 드럼 박자에 맞춰 연주해요. 두 그룹과 동시에 공연 연습을 하려면 우선 지휘자와 드럼 연주자가 합을 맞춰야 하죠. 합이 맞춰지면 밴드 연주자들이 제 지휘에 맞춰 연주하게 되고요. 그때부터 본격적으로 두 그룹과의 연습이 시작되는 거예요. 제 지휘를 기준으로 서로가 서로의 연주 소리를 들으며 소리를 맞춰가요.

다만 많은 연주자가 뮤지컬이 아닌 기존 장르의 연주 방식에 익숙해요. 제 입장에서는 각자의 의견을 조율해 소리를 맞춰가는 일이 쉽지 않죠. 그래서 소통이 중요한 거예요. 서로가 듣기 좋은 음악을 연주할 수 있도록 편안하고 즐거운 상태를 만들기 위해 계속 대화해요. 사실 연주자들도 본인들의 연주 소리가 어우러지지 않으면 연주하면서 괴롭다고 느껴요(웃음). 뮤지컬 연주를 해보지 않은 클래식 오케스트라 연주자나, 가요나 재즈만 연주해 온 밴드 멤버가 뮤지컬이라는 복합장르에서 소리를 맞춰가는 경험을 해보지 않았다면 이런 과정을 어렵게 느낄 거예요.

음악감독의 입장에서 두 장르의 연주가 하나로 어우러진 소리를 들을 때 그 느낌이 남다를 듯해요.

오케스트라와 밴드가 연주를 맞춰가다 보면 모든 악기 소리가 존재감을 드러내면서도 완성된 하나의 소리로 들릴 때가 있어요. 그때 엄청난 쾌감을 맛봐요. 음악감독으로서 뮤지컬이라는 장르에 희열을 느끼는 순간이죠.

다시 감독님 본인으로 화제를 옮겨볼게요. 뮤지컬 음악감독에게 필요한 여러 전문성 중 본인이 갖고 있는 강점은 무엇이라고 생각하나요?

현장에서 구성원들의 다양한 의견을 객관적으로 듣고 조율하는 점이라고 생각해요. 저는 뮤지컬을 시작할 때부터 지금까지 현장에서 다양한 구성원과 합 맞추는 일을 해왔어요. 배우들과는 노래로, 제작진과는 공연 전반적인 사항에 의견을 나누면서요. 그 경험들이 저를 계속 성장시켰고 제 강점으로 이어졌다고 생각해요. 제가 제일 잘할 수 있는 일이기도 하고요. 무엇보다 제 성격과도 잘 맞아요. 여전히 현장에 있는 것이 제일 편하고 구성원들과 함께하는 순간들이 너무 즐거워요(웃음). 결과적으

로 창작자와 관객 사이를 이어주는 '음악감독'의 역할에 긍정적인 영향을 미치죠.

공연장에서 느껴지는 관객의 반응은 정말 각양각색일 텐데, 가까이에서 지켜보면서 인상 깊었던 일화가 있는지 궁금해요.

있죠(웃음). 저와 가까운 객석에 있는 분들은 공연 자체보다는 좋아하는 배우를 보러 오신 분들이 많은 편이에요. 어느 날 제작사에서 저에게 "감독님, 공연할 때 숨소리를 조금만 줄여 주세요."라고 하더라고요. 알고 보니 앞서 이야기한 관객분들이 자신이 좋아하는 배우의 숨소리와 제 숨소리가 겹쳐서 들리니 제작사에 건의를 한 거죠. 처음에는 어리둥절했는데 관객분들은 배우들의 호흡에 따라 공연을 감상하니까, 제 숨소리가 방해 요소로 작용할 수 있겠더라고요. 게다가 저랑 가까운 객석에 앉아 있어 더 잘 들렸을 거고요. 이후로는 제 숨소리가 너무 큰 건 아닌지 확인하고 있어요(웃음).

이런 경우도 있었어요. 뮤지컬은 라이브라는 특성을 가지고 있기 때문에, 공연 중 누군가 실수하면 즉시 해결해야 해요. 그 역할을 주로 음악감독이 하는데요. 그때 마이크를 사용할 수 있어요. 실수가 발생하면 자연스럽게 다음 장면으로 넘어갈 수 있도록 구성원들에게 빠르게 다음 장면을 알려주는 거죠. 그럼 어쩔 수 없이 공연 중에 말을 하게 되는데 그 소리를 저와 가까이 있는 관객분들이 또 듣게 된 거예요. 제작사는 관객으로부터 "음악감독님이 공연 중에 왜 말을 하시죠?"라는 질문을 받았고요. 저는 자세한 상황을 모르는 제작사에게 당시 정황을 설명해야 했죠(웃음).

감독님에게 강한 인상을 남겼을 듯하네요. 주로 관객석을 등지고 공연을 지휘할 텐데 관객의 반응은 어떻게 확인하나요?
  보통은 관객의 박수 소리로 반응을 느끼는데요. 제가 느끼는 것과 실제 관객분들의 반응 사이에 차이가 있을 수 있어서 음향감독님에게 "관객분들이 퇴장할 때 어떤 대화를 나누었나요?"라고 물어봐요. 음향감독님은 출구와 가장 가까운 자리에 있기 때문에 관객분들이 퇴장할 때 나누는 대화를 들을 수밖에 없거든요(웃음). 음향감독님 덕분에 관객분들의 솔직하고 진심이 느껴지는 반응들을 확인할 수 있어요.

음향감독님과도 많은 소통을 나누는군요.
  맞아요. 음향감독님은 공연 중 관객분들이 들을 수 있는 모든 소리의 크기를 조절하는 일을 하니까요. 특히 연주자들의 경우 매일 같은 곡을 연주하지만 라이브로 하다 보니 항상 동일한 소리를 내지 못하거든요. 예를 들어 트럼펫 연주자가 컨디션이 좋아 평소보다 힘을 주어 연주할 경우 음향 감독님이 트럼펫 소리가 조금 크다고 알려줘요. 그럼 저는 연주자에게 연주 소리가 조금 크게 들리니 힘을 조금 빼라거나, 마이크와 조금 더 거리를 두라고 하죠. 음향감독님과 즉각적인 소통이 이뤄지면 관객들은 안정적인 연주 소리를 들을 수 있고 연주자는 계속 동일한 컨디션으로 섬세한 연주를 할 수 있는 거예요. 제가 공연마다 이런 부분들을 확인하기 때문에 음향감독님이 피곤함을 느낄 수도 있어요(웃음).

현재 급변하는 사회 모습에 따라 뮤지컬계도 대내외적으로 변화하고 있는 듯 보입니다. 음악감독이 되는 과정에서도 과거와 달라진 점이 있을까요?

음악감독을 준비했을 당시 저는 현장에 계속 있어야만 음악감독을 할 수 있다고 생각했어요. 뮤지컬 현장에서 오랜 기간 경력을 쌓으면 자연스레 음악감독이 될 기회를 얻을 수 있을 거라 생각한 거죠. 실제로 기회를 얻었고요. 시간이 흘러 세상의 변화에 따라 뮤지컬 산업의 규모와 구조가 변하면서 그런 기회가 많이 줄었어요. 현재는 음악감독이 될 수 있는 문이 너무 좁아졌죠.

현 시점에서 음악감독에 뜻이 있거나 관련 분야를 배우고 싶어 하는 분들에게 조언을 해준다면요.

직업과 관련한 자신만의 기술을 확실하게 갖고 있어야 해요. 우선 자신의 강점을 활용할 수 있는 기술이 무엇인지 알아야 하죠. 음악감독이 다양한 일을 하다 보니 어떤 기술을 가져야 할지 고민할 수도 있을 것 같은데요. 저와 함께 작품을 하고 있는 조감독들을 예로 들어 볼게요. 어떤 조감독은 악기를 잘 다뤄요. 다른 조감독은 노래를 잘 가르치고, 또 다른 조감독은 편곡을 잘하죠. 모두 자신의 강점을 활용한 기술을 가지고 있어요. 저는 이들에게 각자의 기술을 계속 발전시키라고 해요. 저도 그 발전에 도움을 줄 수 있는 기회를 많이 만들어주려고 하고요. 기술 외에 음악감독에게 필요한 구성원들과의 협업 능력, 소통 능력은 뮤지컬 현장에서 일하면서 자연스레 배울 수 있는 부분이라고 생각해요. 반면 직업과 관련된 기술은 스스로 부단히 노력해야만 자신만의 강점으로 발휘할 수 있기 때문에 제일 중요한 거죠.

자신만의 기술을 일정 수준으로 발전시킨 후에는 어느 단계로 나아가면 좋을까요?

더 다양한 기술을 갖추면 좋죠. 한 가지 기술만 가지고 있는 사람보다 음악감독을 할 수 있는 기회를 더 많이 얻을 거라고 생각하거든요. 저도 다양한 기술을 갖춘 조감독에게 음악감독을 할 수 있는 기회를 줄 것 같고요.

음악감독이라는 한 가지 직업에만 시야를 가두는 것도 지양하면 좋겠어요. 다양한 기술을 가지고 있다면 음악감독이 아니더라도 뮤지컬계에서 할 수 있는 일이 많으니까요. 요즘은 공연에서 오케스트라나 밴드가 라이브로 연주할 때 MR[1] 음원을 같이 사용해요. 그러다 보니 두 가지 시스템에서 나오는 소리를 동시에 다룰 수 있는 사운드 프로그램 기술을 가지고 있다면 기술자로 활약할 수도 있겠죠. 뮤지컬계에서 계속 경력을 쌓다 보면 음악감독으로 나아갈 수 있는 기회가 찾아올 거예요.

---

[1] MR(Music Recorded): 노래 없이 반주만 녹음된 음원을 말한다.

PERSON 02

뮤지컬 음악감독은
만족하지 않는다

원미솔

PERSON 02
원미솔

안녕하세요. 자기소개 부탁드립니다.

반갑습니다. 뮤지컬 음악감독 원미솔입니다. 뮤지컬을 구성하는 중요 요소 중 하나인 음악을 주관하고 있습니다. 뮤지컬은 음악을 통해 전체적인 스토리를 구성하여 관객에게 전달하는데요. 완벽한 무대를 만들기 위해 각 파트와 배우들을 끊임없이 설득하고 조율하는 역할을 맡고 있어요. 배우를 비롯해 연주 팀과 제작진에게 A라는 음악을 연주할 때 어떤 느낌으로 표현해야 하는지, B라는 장면은 왜 이렇게 표현해야 하는지 등을 조정하는 식이죠. 공연 준비 기간에는 배우 캐스팅, 곡 편성과 편곡, 음악 연습을 책임지고 있고요. 공연이 진행될 때는 피트[2]에서 배우의 호흡에 맞춰 오케스트라를 지휘하며 최고의 무대로 관객을 설득하죠. 이렇게 설명하니 정말 많은 일을 하고 있네요(웃음).

---

2 피트(Pit): 오케스트라나 밴드 연주자가 위치하는 공간으로 보통 극장 무대보다 낮은 곳에 위치한다.

뮤지컬 음악감독이 흔한 직업은 아닌데요. 그만큼 음악을 시작하게 된 계기도 남다를 듯해요.

사람들 눈에도 재능이 보였을까요(웃음)? 예술계 학교로 진학하라는 말을 많이 들었어요. 어릴 때부터 음악을 하고 싶었지만 집안의 반대가 심해서 '공부하는 학생이 무슨 음악이냐?'라는 소리만 들었죠. 고등학교 2학년 때 겨우 부모님을 설득해 뒤늦게 입시 준비를 시작했고 운 좋게 작곡과에 입학했어요.

스물한 살 때 녹음실에서 일하며 대중가요를 작업했어요. 모든 사람이 제 음악과 사랑에 빠지길 바라는 열정 가득한 시기였죠. 당시에 다양한 장르의 음악을 즐겨 들었고 춤추는 것도 좋아했어요. 게다가 패션과 글 쓰는 일에도 관심이 많았는데요. 뮤지컬에는 제가 좋아하는 모든 요소가 한자리에 모여있더라고요. 자연스럽게 뮤지컬에 흥미가 생겼고 스물두 살에 뮤지컬을 시작하게 됐어요.

뮤지컬계에 입문한 첫 작품은 무엇이었나요?

제가 스물두 살이던 1999년에 PC통신 나우누리에 뮤지컬 <락햄릿> 오디션 반주자를 구한다는 공고가 났어요. 제작사에 찾아가서 대표와 직원들 앞에서 피아노를 쳤고 그렇게 오디션 반주자로서 처음 뮤지컬 세계에 발을 들였어요. 공연을 한창 준비하던 와중에 음악감독이 햄릿 역할에 더블로 캐스팅되면서 갑자기 음악감독 자리가 공석이 됐어요. 음악조감독과 연주를 병행하던 일개 대학생이 한순간에 음악감독 역할을 맡게 된 거죠.

1999년 뮤지컬 시장은 지금과는 차이가 있었을 듯한데요. 당시의 뮤지컬계와 현재를 비교하면 어떤 점이 크게 다른가요?

지금과 비교하자면 많은 차이가 있겠지만 가장 큰 차이는 효율적인 시간 분배가 되지 않았던 점이에요. 뮤지컬만 담당하는 전문 연출가가 없다시피 한 때라 모든 과정이 연극과 유사하게 진행됐거든요. 뮤지컬은 연극보다 많은 파트가 존재하기 때문에 각 분야의 역할과 인원을 세세하게 나눌 필요가 있는데 돌이켜보면 당시에는 시스템이라고 부를 수 있는 견고한 구조가 아니었던 거죠.

그렇다면 지금의 뮤지컬 시스템이 자리 잡은 것은 언제부터인지 궁금해요.

2009년 선보인 <드림걸즈>의 미국 제작진이 내한하면서 현재와 같은 시스템이 구축되기 시작했어요. 작품 콘셉트가 미국에서 공연했던 <드림걸즈>를 리바이벌[3]하는 것이 아니라 한국 프로듀서가 제작에 공동으로 참여하여 새로운 <드림걸즈>를 만드는 것이었죠. 한국에서 작품을 만들어 다시 미국으로 가져가는 형식이었고 그 트라이아웃[4] 시장이 한국이었던 거예요. 이전의 라이선스[5] 작품은 소수의 제작 스태프만 입국했다면, <드림걸즈>의 경우 미국 제작진 입장에서도 매우 중요한 작업이었기 때문에 토니상을 수상한 세계적인 스태프들이 대거 참여했어요. 미국 제작진의 시스템 안에서 진행된 연습으로 지금과 같은 효율적인 시스템이 자리 잡을 수 있었죠.

당시 <드림걸즈> 연습은 오전 열 시에 시작해서 무조건 오후 여섯 시에 마치는 구조였어요. 여섯 시 일 분이 되면 미국 제작진들은 바로 가방을 챙겨 인사하고 나갔죠. 그들에게는 당연한 문화였던 거예요. 사실 그전까지

---

[3] 리바이벌(Revival): 오래된 영화나 연극, 유행가 따위를 다시 공연하는 것을 뜻한다.

[4] 트라이아웃(Try-Out): 장기 공연을 앞두고 평단과 관객의 반응을 살피면서 작품을 다듬어가는 단계로 활용되는 공연을 말한다.

[5] 라이선스(License): 해외 원작자에게 저작료를 지급하고 판권을 사들인 뒤 우리말로 공연하는 것을 통칭한다.

뮤지컬 연습이라고 하면 오전 열 시부터 오후 열 시까지 진행되는 구조가 만연했거든요. <드림걸즈>를 시작으로 서서히 연습 문화가 바뀌었고 대극장 공연의 경우 2010년경부터 밤늦게 끝나는 연습이 많이 사라졌어요.

당시 미국 제작진의 위상은 어느 정도였나요?

작곡가의 위상을 크게 느꼈어요. 외국은 작곡가가 왕이에요(웃음). 음악감독을 선정하는 것부터 공연이 끝날 때까지 작곡가의 손길이 미치지 않는 영역이 없거든요. 반면 국내에서는 대부분 라이선스 작품이 진행되기 때문에 작곡가가 공연에 미치는 영향력이 상대적으로 적어요.

이야기를 들으니 창작 뮤지컬과 라이선스 뮤지컬의 차이점이 궁금해지는데요.

이해하기 쉽도록 햄버거를 만드는 과정으로 비유해 볼게요. 햄버거의 양과 재료, 조리 방법을 정해야 할 텐데요. 누구나 맛있게 먹을 수 있는 햄버거를 만들려면 재료 준비와 조리 과정 등 세심한 판단과 기술이 필요하겠죠. 이때 직접 재료를 구입하고 손질해서 직접 레시피를 개발해야 하는 개인 매장의 햄버거를 창작 뮤지컬이라고

한다면 본사의 레시피를 동일하게 구현하는 체인점의 햄버거를 라이선스 뮤지컬이라고 볼 수 있어요. 아무래도 창작 작품을 준비할 때 고민해야 할 사항이 더 많아요. 아직 대중에게 선보인 적이 없기 때문에 '어떻게, 무엇으로 관객의 마음을 더 사로잡을 수 있을지' 대중의 선택을 검증하는 과정이 필요하거든요.

무엇보다 관객의 마음을 사로잡는 것이 중요하겠네요. 하나의 뮤지컬 작품이 관객 앞에 서기까지 어떤 과정을 거치는지 궁금해요.

라이선스 뮤지컬을 예로 들어볼게요. 우선 제작사가 작품을 계약해요. 작품이 정해지면 해외 제작사와 라이선스 계약을 하고 공연을 올릴 수 있는 극장을 정하죠. 주요 스태프 회의를 거친 후 1차 번역된 대본을 바탕으로 각색을 진행해요. 뮤지컬은 책과는 달리 입으로 내뱉는 말이잖아요. 현실에서 사용하는 언어처럼 표현되어야 관객들이 쉽게 이해할 수 있기 때문에 말투뿐만 아니라 문화와 시대적 차이 등을 고려해 다듬는 거죠.

그다음 오디션을 진행하고 배우 캐스팅이 마무리되면 연습을 시작하죠. 뮤지컬의 대부분은 노래로 구성되어 있기 때문에 음악 연습부터 시작해요. 그리고 모든 스태프가 한자리에 모이는 상견례를 가지죠. 이때 대본 리딩을 하고 음악도 맞춰보며 우리가 준비 중인 공연에 대한 선명한 그림을 그려봐요. 파트별 준비가 끝나면 각 장과 막을 이어주는 워크 스루, 공연 시작부터 끝까지 끊지 않고 연습하는 런 스루, 배우와 오케스트라가 함께하는 시츠프로브를 진행해요. 그리고 극장에 들어가서 배우 동선과 무대의 기술적 측면을 점검하는 테크니컬 리허설과 실제 공연과 똑같이 진행하는 드레스 리허설까지 마치면 공연의 막이 올라갑니다.

작품이 무대를 통해 관객과 만나기까지 굉장히 많은 과정을 거치네요. 그중에서도 배우 오디션 과정은 작품 전체에 큰 영향을 미칠 것 같은데요. 오디션을 진행할 때 어떤 점을 중점적으로 고려하나요?

우선은 노래 실력이죠. 뮤지컬 배우라면 기본적으로 노래를 잘해야 하니까요. 그런데 가창력이 뛰어나도 가끔은 캐스팅되지 않을 때가 있어요. 왜냐하면 뮤지컬 음악은 노래 실력과 더불어 흡입력이 필요하기 때문이에요. 흡입력은 관객을 공연에 몰입하게 하고 다음 장면은 무엇이 될지 기대하고 궁금하게 만들죠.

다른 음악감독들과 함께 심사위원으로 참여한 적은 없

지만 그분들도 아마 저랑 크게 차이가 없을 거예요. 수많은 연출가, 안무감독과 오디션을 진행하다 보면 '사람 보는 눈은 다 비슷하구나.'를 느껴요. 그래서 저는 자기주장이 없는 편이에요(웃음). 다 비슷해요. 흡입력에 대한 취향만 조금 다른 거죠.

오디션을 마친 후 오디션에 참가한 배우들의 반응도 궁금해요.
 오디션 관련된 메시지를 많이 받아요. 보통 오디션 결과를 알려줄 때 떨어진 이유를 함께 알려주지는 않는데요. 간절한 마음으로 참가한 이들에게 결과만 통보한다는 사실이 너무 안타깝더라고요. 어차피 나중에 무대에서 만난다면 내가 설득해야 할 사람이라고 생각하면서 연락이 오면 항상 피드백을 줘요. 잠깐 시간을 내어 손가락 조금 움직이는 게 별거인가요(웃음).

오디션을 생략하고 바로 캐스팅되는 경우도 있잖아요. 예상치 생각지 못한 배우가 캐스팅되는 경우에는 제작사에 의견을 내비치기도 하나요?
 저는 제작사의 의도를 대부분 따르는 편이에요. 제작사가 개인의 취향을 반영했을까요? 아니거든요. 해당 배우가 작품 흥행에 큰 영향을 미치기 때문에 많은 회의와 고민을 거친 후 내린 결정이겠죠. 또한 공연을 성공시켜

수익을 창출해야 다음을 준비할 수 있기도 하고요. 공연이 배우의 티켓 파워에 의지하는 경향을 누군가는 '본인의 예술적 자존심에 타격을 입는다.'라고 생각할 수도 있을 텐데요. 여기에 정답이 있는 건 아니잖아요. 언젠가는 작품 자체가 티켓 파워가 되는 날이 오지 않을까요(웃음)?

배우가 공연에 들이는 노력의 정도를 고려한다면 티켓 파워 현상도 다각도로 살펴볼 필요성이 있겠네요.

티켓 파워를 가진 배우 중 노력하지 않는 배우는 단 한 명도 없어요. 항상 연습하고 고민하고 최선을 다하죠. 그들을 볼 때마다 '어떻게 저 위치에서도 매 순간 최선을 다할까? 95%만 아니, 90%만 해도 될 텐데.'라는 생각이 들 정도로요.

국내의 경우 더블 캐스팅 형태로 공연이 진행되기도 하죠. 미국과 영국처럼 뮤지컬 산업이 발달한 해외도 유사한 형태인지 궁금해요.

해외에서는 더블 캐스팅이 거의 없는 것으로 알고 있어요. 아마도 외국의 관객은 대부분 관광객이기 때문인 듯해요. 배우보다는 작품이 선택 기준인 거죠. 주연 배우가 무대에 설 수 없는 경우에는 조연 혹은 앙상블을 맡은

배우가 그 자리를 대신하기도 하는데요. 이때도 관객이 불만을 표시하지는 않을 거예요. 배우의 티켓 파워가 캐스팅을 비롯해 작품의 흥행 여부에 영향을 미치지 않아요. 국내와는 사뭇 다르죠. 하지만 그들도 스타 캐스팅을 하는 경우가 더러 있는데요. 그때는 한국과 크게 다르지 않더라고요.

더블 캐스팅 외에 국내외 공연을 비교했을 때 또 다른 차이점이 있을까요?

같은 작품이라도 러닝 타임이 달라지는 점을 꼽을 수 있겠네요. 예전에는 두 시간 반의 러닝 타임을 가진 공연이 국내에서는 두 시간 오십 분까지 늘어나곤 했거든요. 아마 우리 문화 고유의 '한恨'이나 '신파新派' 때문인 것 같아요. 배우들이 자신의 모든 힘을 무대에 쏟아내며 단어 하나하나에 집중하는 연기를 했어요. 무대를 통해 전달된 빽빽한 감정의 밀도를 관객들이 고스란히 받아들이는 데에서 시간적 차이가 발생했던 거라고 봐요. 그만큼 감정의 여운이 길게 남아있는 거죠. 관객들도 여운의 길이에 맞춰 공연의 흐름을 따라가는 거고요.

공연 후에는 관객의 반응과 전문가의 평가가 다양한 미디어를 통해 노출되죠. 다양한 의견에 대한 판단은 어떻게 하나요?

> 우선 어떤 관점으로 공연을 감상했는지를 판단해요. 모든 관객은 본인만의 취향과 감성을 갖고 있으니까요. 논리적인 근거의 유무도 확인하고요. 냉철한 시각으로 날카롭게 작성된 비평을 볼 때면 속으로 뜨끔하기도 해요(웃음). 독특한 관점에서 작성된 공연 후기는 재미있게 읽기도 하죠. 전문가의 평가도 중요하지만 공연을 즐기는 관객의 의견에 더 무게를 두고 있어요. 뮤지컬이라는 예술의 목적지는 대중이니까요. 의견을 수렴할 때는 신중을 기해요. 외부 의견에 내부가 흔들리지 않도록 중심을 잡아야 하거든요. 음악감독의 중요한 역할 중 하나죠.

창작 뮤지컬과 라이선스 뮤지컬의 특성에 따라 반응을 받아들이는 방식이나 정도에 차이가 있을까요?

> 창작 뮤지컬은 아직 검증받지 않았기 때문에 최대한 많이 물어보고 의견도 적극적으로 수렴하는 편이에요. 주어진 답안지가 없으니까요. 반면 라이선스 뮤지컬은 이미 해외에서 여러 차례 검증된 작품이잖아요. 국제적인 답안지가 여러 개 있는 셈이죠(웃음). 그렇기 때문에 작품 완성도와 관련된 반응은 물론, 국내 관객에게 제대로

녹아들었는지를 많이 확인하는 편이에요.

제작사나 오케스트라, 배우에게는 어떤 식으로 피드백을 전달하나요?

직접적으로 전달하지는 않아요(웃음). 음악과 관련된 의견은 총책임자인 제가 감당할 몫이니까요. 수집된 의견에 대해 고민하고 부족한 부분은 공부해서 현장에 자연스럽게 녹여내려고 하죠. 내용이 좋든 나쁘든 작품에 부정적인 영향을 미친 적은 없어요. 피드백에 따라 작품이 휘둘린다면 아직 본인과 동료들에 대한 확신이 부족한 게 아닐까요? 자존심과는 다른 얘기예요.

이번에는 뮤지컬 음악감독이라는 직업에 초점을 맞춰볼게요. 음악감독에게 가장 중요한 전문성은 무엇이라고 생각하나요?

하나만 고르려니 쉽지 않네요(웃음). 가장 중요한 건 음악 실력이죠. 음악적 능력이 바탕이 되어야 다른 장점들이 빛을 발할 수 있어요. 이런 맥락에서 음악 실력은 기본이 되겠죠. 기본을 갖췄을 때 비로소 출발선에 설 자격이 된다고 봐요.

다음으로는 사람을 잘 관찰하고 파악하는 능력을 꼽을

수 있어요. 구성원들을 유심히 살펴보고 그들의 성향을 파악해 제 생각을 받아들이도록 만들어야 할 때도 있거든요. 특히 배우의 경우는 배우가 빛나도록 옆에서 지원하는 역할에 그치는 것이 아니라 관객을 설득할 수 있는 방향으로 이끌어야죠.

이 외에도 다양한 능력이 필요해요. 뮤지컬은 여러 장르와 형식이 결합된 잘 차려진 밥상이니까요. 음악을 포함한 능력들을 두루 갖춘 올라운드 플레이어라면 어떤 작품을 맡든 사람들의 동의와 지지를 받을 수 있을 거예요.

그렇다면 어떤 방법으로 올라운드 플레이어가 될 수 있을까요?

제 경우로 설명을 드리면 좋을 듯해요. 제가 모든 능력을 갖췄다는 의미는 아니고요(웃음). 저는 작곡을 전공했기 때문에 작곡과 편곡도 할 수 있어요. 미디[6]를 활용해 그 자리에서 바로 결과물로 확인시켜 줄 수 있죠. 지휘는 교회 성가대에서 해본 게 전부라서 별도로 배웠어요. 지금도 공연을 시작하기 전에 레슨을 받기도 해요. 지휘를 단

---

6 미디(MIDI, Music Instrument Digital Interface): 전자 악기 간의 디지털 신호를 상호 교환할 수 있도록 정해놓은 일종의 규약을 뜻한다.

순히 박자만 맞춘다고 생각할 수 있는데요. 그뿐만 아니라 지휘자는 음악을 해석해 몸으로 표현하고 하나의 방향으로 이끌어야 하는 정말 중요한 역할이에요. 각자의 언어를 가진 수많은 악기와 연기를 하며 노래를 부르는 배우들을 '원미솔호號'라는 배에 태워 항해를 떠나는 거예요. 공연이 시작되면 각 장면에 맞는 표현 방식을 피트에 있는 오케스트라와 무대 위 배우에게 전달하죠. 그렇기 때문에 공연할 때마다 계속 배우고 연습하면서 실력을 가다듬고 있어요.

베토벤이 본인의 음악에 만족했을까요? 반 고흐의 그림은 어떨까요? 우리가 만족이라고 부르는 것들은 자기 위안, 내가 걷는 길을 포기하지 않는 힘이 되는 정도뿐이죠. 한순간의 예술적 충만감은 느낄 수 있겠지만 아마 하루도 못 갈 걸요. 모든 게 마찬가지겠지만 끝이 없어요. 멈추면 안 돼요. 모르면 배우고 배웠으면 연습하면서 계속 나아가야 해요.

이야기를 들어보니 작곡과 편곡이 올라운드 플레이어가 되기 위한 바탕이 될 수 있을 것 같은데요.
    두 가지 중 작곡이 모든 장르의 연주나 지휘. 즉 음악감독의 역할에 가장 밀접한 전공 분야인 것은 맞죠. 음악감독 대부분이 작곡과 출신이기도 해요.

음악감독이 되기 위해서는 조감독을 거쳐야 하는 것으로 알고 있는데요. 조감독은 어떻게 시작할 수 있나요?

    십 년 전만 해도 저에게 이메일을 보내거나 직접 찾아오는 방식이 주였어요. 아니면 지인을 통해 연이 닿아야 했죠. 지금은 달라졌어요. SNS 메시지 하나면 되죠. 본인과 전공을 소개하고 어떻게 음악감독을 할 수 있는지 직접 물어보면 돼요.

메시지를 받으면 어떻게 답하세요?

    웬만하면 메시지를 보낸 이들을 모두 만나요. 저는 돈보다 시간이 더 가치 있다고 생각하는 사람인데요. 그중에서도 절실한 사람의 시간이 더 가치 있다고 생각해요. 저처럼 멀리 돌아올 필요는 없잖아요. 만나서 우선 피아노 연주 실력을 살펴요. 연주를 못하면 조감독을 하기 힘들거든요. 실력이 조금 부족해도 계속 도전하길 원한다면 부족한 부분을 발전시킬 수 있는 방법을 알려주죠. 레슨 선생님을 소개해 주거나 연습 참관 같은 체험의 기회를 제공하기도 해요.

현재 함께 작품을 하고 있는 조감독들은 어떻게 만나게 되었나요?

> 한 명은 제가 SNS에 작성한 구인 게시물을 보고 연락했어요. 다른 한 명은 학교 후배고요. 한참 후배라서 직접적인 연은 없었는데 저를 찾아왔죠. 나머지는 지인 소개로 만났어요.

음악 팀 이름이 'The One'이라고 들었습니다. 어떻게 구성되어 있나요?

> 2023년 기준으로 총 열여덟 명이에요. 대극장을 끊임없이 오가다 보니 기본적인 규모가 잡혔어요. 지금의 팀을 꾸리기까지 십 년 정도 걸렸네요. 그전까지는 팀원이 팀에 들어왔다 나갔다 하는 과정이 있었죠. 서로를 이해하는 과정이었다고 생각해요.

뮤지컬 음악감독이 되기 위한 아카데미나 정식 과정이 있나요?

> 정식 과정은 거의 없다시피 해요. 하지만 과정만 없을 뿐이지 방법이 없는 건 아니에요. 음악적 능력과 적극성만 있다면 항상 열려있어요. 저와 함께하고 있는 조감독들만 봐도 알 수 있죠(웃음). 그렇지만 음악만 잘한다고 바로 할 수 있는 일이 아니기 때문에 많은 경험이 골고루

있어야 해요. 사람을 만날 때 에너지를 얻는 사람이면 더 좋아요.

음악감독 역할의 연장선으로 볼 수 있겠는데요. 현재 홍익대학교에서 뮤지컬을 지도하고 있죠.

수업을 듣는 학생들은 모두 배우 지망생이에요. 그래서 주로 배우에 초점을 맞춘 커리큘럼이죠. 나중에 시스템이 갖춰지고 교수진도 탄탄하게 꾸려지면 뮤지컬 스태프 양성 과정도 개설해 보고 싶어요. 이와 관련해 '하이퍼 퀄리티'라는 수업이 있는데요. 학생들이 공연 현장에서 스태프가 되어 현장을 체험하고 필요한 기술을 배우는 과정이에요. 공연이 없는 1학년이 선배들 공연에서 스태프를 체험하고 배울 수 있는 좋은 기회죠. 17회 DIMF[7]에서 대상을 수상한 <베어 더 뮤지컬>에도 1학년 여러 명이 스태프로 참여했어요.

뮤지컬계가 앞으로도 유지하길 바라는 부분이 있다면 무엇인가요? 반대로 변화가 필요한 부분도 있는지 궁금해요.

작품과 장르는 현재 괄목할 만한 성장을 하고 있기에 특

---

[7] DIMF(Daegu International Musical Festival): 2006년에 시작한 아시아 최초 국제뮤지컬페스티벌이다.

별히 바라는 점은 없어요. 다만 배우를 지망하는 이들에게 하고 싶은 이야기가 있어요. 뮤지컬 스타이기 전에 배우라는 의식을 가지길 바라요. 이미 지녔다면 앞으로도 변하지 않았으면 하고요. 요즘은 배우를 지망하는 학생들 중 일부는 대학교에 입학하자마자 바로 기획사를 통해 데뷔하기도 해요. 그러다 보니 학업을 통해 배우로서 갖추어야 할 직업 의식과 가치관을 충분히 배우지 못한 채 스타가 돼버리는 거예요. 일을 빠르게 시작해서 짧은 시간 안에 성공하고 싶은 마음도 충분히 이해하지만 스타이기 이전에 타인의 인생을 대신 살고 그를 통해 관객에게 희로애락을 전하는 게 배우라는 걸 잊지 않았으면 좋겠어요.

앞으로 뮤지컬 산업이 어떤 변화를 맞이할 것으로 예상하나요?

1966년 '예그린악단'을 뮤지컬 1세대로 알고 있지만 지금 우리가 아는 현대 뮤지컬 형태는 1990년대에 시작했어요. 약 삼십 년이라는 짧은 시간 안에 지금과 같은 시스템과 장르, 규모를 갖추게 된 건 실로 놀라운 일인데요. 이는 우리나라 사람들이니까 가능했다고 생각해요(웃음). 적어도 아시아에서는 누구도 따라오지 못할 만큼 큰 성장을 이루지 않았나 싶어요. 실제로도 국내 많은 작품이 아시아 곳곳에 수출되고 있으니까요.

장르가 다양해지는 만큼 뮤지컬 산업 인프라도 더 커질 것 같아요. 게다가 2022년까지는 법적으로 뮤지컬이 연극과 하나로 묶여있었기에 똑같은 기준과 방침을 따라야 했어요. 지금은 분리되어 뮤지컬이라는 장르에 맞는 지원을 바탕으로 다양한 변화와 발전을 꾀할 수 있다고 봐요.

이십 년이 넘는 기간 동안 뮤지컬계에 종사해 온 이로서 뮤지컬 음악감독이라는 직업의 가장 큰 매력은 무엇이라고 생각하나요?

살아있음을 느끼게 해요. 우리가 살면서 항상 기쁨만 느낄 수는 없잖아요. 스트레스가 기쁨보다 클 때도 많고요. 공연할 때는 두 시간 반 넘게 집중하고 긴장 상태를 유지해야 하는데 그 결과가 마음에 들지 않으면 새로운 스트레스를 받고 또 다른 고민으로 이어지기도 하죠. 반대로 좋은 결과가 나왔을 때는 짜릿한 행복을 느끼고요. 고민과 스트레스 그리고 행복이 공존하는 이벤트가 매일 새롭게 일어나며 저를 둘러싸고 있어요. 매번 새로워지는 환경 속에 있는 거죠. 그렇기 때문에 살아있음을 더욱 또렷하게 느낄 수 있어요.

마지막으로 그동안 음악감독을 할 수 있었던 원동력이 있다면 알려주세요.

특별한 원동력으로 지금까지 이 일을 해왔다고 생각하지는 않아요. 제 성격과 기질, 에너지가 뮤지컬이라는 장르와 잘 맞았기 때문에 가능했다고 봐요. 저를 아는 모든 사람이 저와 같은 생각을 할 거예요(웃음).

음악감독을 오래 하고 있지만 작곡가로서 제 곡을 계속 쓰고 싶은 마음도 있어요. 장르는 상관없어요. 제 음악으로 사람들의 심장을 두근거리게 하고 싶거든요.

PERSON 03

뮤지컬 음악감독은 치열한 순간 속에서 작품을 완성한다.

신은경

PERSON 03
신은경

자기소개 부탁드려요.

뮤지컬 음악감독 신은경입니다. <신과 함께: 저승편>(이하 신과 함께), <랭보>, <아몬드>, <검은 사제들>, <HOPE: 읽히지 않은 책과 읽히지 않은 인생>(이하 HOPE), <마리 퀴리>, <셜록홈즈: 앤더슨가의 비밀>(이하 셜록홈즈), <셜록홈즈 2: 블러디 게임>, <빠리빵집> 등 창작 뮤지컬 위주로 작품 활동을 해왔어요. 작품의 곡을 쓰는 작곡가로서 창작 뮤지컬 MR과 오리지널 사운드트랙 앨범 제작도 하고 있죠. 2789SOUND 스튜디오 대표로 다른 장르에서 활동하는 뮤지션들 간의 협업 사업도 추진하고 있어요.

작품 활동 주기를 살펴보니 한 작품을 마친 후 곧바로 새로운 공연 준비를 했네요. 보통 별도의 휴식 기간을 갖지 않고 바로 이어서 작품을 진행하는 편인가요?

각 작품의 제작 기간에 따라 달라요. 보통 일 년 단위로 작품 일정이 미리 잡혀있어 그 일정에 맞춰 진행해요. 물론 예정에 없던 작품을 하는 경우도 있죠. 그럴 때는 미리 계획된 작품 일정을 기준으로 관계자들과 함께 역할

범위와 진행 일정 등을 조율해서 진행하기도 해요.

연달아 작품을 진행할 경우 몸과 마음을 재정비할 시간이 부족할 듯해요. 평소 어떤 방법으로 컨디션을 관리하나요?

뮤지컬계에 입문할 당시에는 항상 불안하고 초조한 마음으로 일했던 터라 일과 삶의 균형을 유지할 수 있는 휴식 시간을 충분히 갖지 못했던 것 같은데요. 연차가 쌓이면서 점차 충분한 수면을 취하고 맛있는 음식을 먹고 양질의 문화를 향유하며 휴식을 취하고 있어요. 그 시간에 얻은 에너지를 일에 아낌없이 사용하죠.

작품을 진행할 때도 팀을 구성해서 일을 분담하면 컨디션을 관리하는 데 도움이 돼요. 예로 들면 <신과 함께>에서는 저를 포함해 조감독 두 명과 보컬 트레이너 한 명으로 팀을 구성해서 진행했고요. <빠리빵집>은 조감독 두 명, 공동 편곡가 두 명과 일을 나눠서 했어요. 역할 분담이 원활히 이루어지면 작업량이 많더라도 좋은 컨디션을 유지하며 작업을 해낼 수 있죠.

본격적으로 음악감독이라는 직업에 대해 질문하려고 해요. 원미솔 음악감독님(두 번째 인터뷰이)과 함께 일했다고 들었어요.

> 맞아요. 원미솔 음악감독님 팀에서 오 년 정도 조감독을 했어요. 당시 감독님이 작업하신 대극장 규모의 작품들에 참여했죠. 관객들에게 많은 사랑을 받은 <지킬 앤 하이드>, <몬테크리스토>, <그리스> 같은 작품들이요. 2011년에 독립해서 <셜록홈즈>로 음악감독을 시작했어요.

조감독을 하다가 독립하게 된 특별한 계기가 있었나요?

> 엄청난 포부를 가지고 독립한 건 아니에요. 당시에는 제가 생각했던 것보다 업무 강도가 높은 편이어서 일을 쉴까 생각했어요. 쉬지 않고 작품에 참여하다 보니 건강 상태도 좋지 않았고요. 유학을 가고 싶은 마음과 함께 온전히 작곡가의 길을 가고 싶은 마음도 있어 고민이 많았죠. 고민이 깊어질 때쯤 <셜록홈즈>의 음악감독 제안을 받게 됐어요. <셜록홈즈>는 제안받기 전부터 홍보 기사를 접하면서 흥미를 갖고 있었는데요. 제안을 받는 순간 가지고 있던 고민들이 사라지더라고요(웃음). 원미솔 감독님에게 전후 사정을 말씀드리고 독립과 동시에 <셜록홈즈>를 진행했죠.

본인을 소개할 때 언급하신 것처럼 음악감독이 된 이후에는 라이선스 뮤지컬보다는 창작 뮤지컬을 주로 해왔죠. 오랜 기간 한 가지 장르에서 작품 활동을 하는 것이 쉽지 않았을 듯한데요. 한편으로는 그만큼 전문성을 축적했다고도 볼 수 있겠네요.

    창작 뮤지컬 위주로 작품 활동을 이어간다는 것이 쉽지는 않았어요. 게다가 제가 가진 직업적인 장점이 무엇인지, 뮤지컬 산업에 어떻게 기여할 수 있을지 같은 고민까지 겹쳐 힘들기도 했는데요(웃음). 창작 작품을 작업해 온 경력이 새로운 기회를 만들어줬어요. 현재 국내 창작 작품들이 'K-Musical'이라는 하나의 장르로 해외에 수출되고 있기 때문이죠. 제가 참여한 <마리 퀴리>는 폴란드에, <비더슈탄트>는 일본에 수출됐어요. K-Musical의 세계화가 가까운 시기에 이루어질 것으로 예상하고 있어서 앞으로 더 활약하지 않을까 싶어요. 국내 창작 뮤지컬 시장이 활성화될 때부터 꾸준히 창작 작품을 해온 이로서 K-Musical의 시작에 기여했다는 생각에 보람도 느끼고요.

해외 뮤지컬 시장에 국내 창작 작품을 선보일 기회가 점차 많아질 것 같네요. 현재 현지 반응은 어떤가요?

    아시아와 유럽에서 국내 작품들이 좋은 반응을 얻고 있

어요. 아시아권에서는 일본, 중국, 대만, 유럽권에서는 영국, 폴란드를 중심으로 각국 팬들이 K-Musical에 애정을 갖고 있죠. 이렇게 좋은 반응을 얻고 있는 데다 국내 기술과 제작진, 배우들의 실력이 세계 어느 곳에 내놓아도 손색 없을 정도이기 때문에, 지금보다 더 양질의 작품을 제작해 수출할 수 있을 것으로 예상해요.

계약 형태에 따라 다르겠지만 창작 작품이 수출되면 로열티가 발생할 덴데요. 로열티 시급은 어떤 형태로 이루어지나요?

주로 창작을 하는 작사가, 작곡가가 로열티를 받아요. 음악감독이 받는 경우는 드물어요. 연출가와 편곡가도 비슷한 상황이죠. 앞으로는 초연 작품에 기여한 연출가와 편곡가, 음악감독에게도 로열티 지급 구조가 마련되면 좋겠어요.

이번에는 배우 오디션에 관해 이야기 나눠볼게요. 관련 기사를 살펴보면 주연 배우의 경우 오디션보다는 작품에 적합한 배우를 미리 선정하더라고요.

아무래도 주연 배우가 작품 전체에 큰 영향을 미치기 때문에 그럴 거예요. 필요에 따라서 내부 오디션을 진행하기도 해요. 해외 작품 중에서는 정식 오디션을 진행해서 주연 배우를 선정하는 경우도 있고요.

소극장, 중극장에 올려지는 작품의 경우 주연 배우가 역할에 어울리는지, 노래를 소화할 수 있는지를 중점으로 제작사와 제작진이 논의해서 선발해요. 조연과 앙상블 역할 위주로 배우 오디션이 진행되는 편이죠. 흔한 경우는 아니지만 눈에 띄는 신인 배우에게는 주연 역할을 맡기기도 해요.

신인 배우에게는 자신의 기량을 선보일 수 있는 오디션이 정말 중요한 기회일 텐데요. 지원할 수 있는 역할의 범위가 한정적인 상황에서 어떤 시도를 해보면 좋을까요?

우선 꼭 주연을 하겠다는 마음보다는 어떤 배역을 맡더라도 작품에 참여하여 경험을 쌓는 것이 중요해요. 본인이 출중한 실력을 가지고 있다면 어떤 역할로든 현장에서 보여줄 수 있거든요. 제작진 및 관계자들도 항상 배우들의 기량과 성실함, 가능성을 눈여겨보기 때문에 장점을 두루 갖춘 배우에게는 재연 혹은 새로운 작품에 참여할 기회가 반드시 주어지죠.

일본으로 수출된 <비더슈탄트>는 현지 배우들로 일본 관객에게 선보였죠. 현지 배우 오디션에 심사위원으로 참여했는지도 궁금해요.

직접 배우 오디션에 참여하지는 않았어요. 현지 배우에

대한 정보와 오디션 진행 상황을 현지 담당자가 국내 제작사에 전달해 주면 국내 제작사를 통해서 관련 내용을 공유 받았죠. 살펴보니 작품과 잘 어울리면서 많은 관객을 공연장으로 이끌 수 있는 배우들을 섭외했더라고요.

만약 국내 제작진이 해외 공연에 직접적으로 관여하게 된다면 배우 선발 과정에도 참여할 수 있겠네요. 함께 일하려면 배우에 대해서 알아야 하니까요. 국내에서는 일본 배우들의 공연 연습을 담은 영상과 현지 언어로 녹음된 음원을 받아서 이상이 없는지 확인하는 일을 했어요.

다시 국내 상황으로 눈을 돌려볼게요. 조연과 앙상블 오디션을 진행할 때는 배우의 어떤 부분을 중점적으로 살펴보나요?

신뢰할 수 있는 음역[8]과 음색을 가지고 있는지 봐요. 연습 시작부터 공연을 마칠 때까지 기간이 긴 편이기 때문에, 편차가 없고 안정적으로 노래할 수 있는 음역을 가지고 있는지 보는 거예요. 가령 앙상블에서 소프라노, 알토, 테너, 베이스를 담당하는 배우라면 본인의 음색과 음역이 흔들리지 않으면서 다른 배우들의 소리와 어우러

---

8 음역(音域, Range): 사람의 목소리나 악기가 낼 수 있는 최저 음에서 최고 음까지의 넓이를 의미한다.

져야 하죠. 그래야 라이브 공연에서 균형을 유지할 수 있어요.

배우의 노래 부르는 모습을 보면서 피아노나 MR 반주 소리를 들을 수 있는지도 살펴봐요. 음역, 음색, 음정, 리듬감 같은 소리의 기본기는 단기간에 실력이 향상되기 어렵거든요.

배우의 실력 향상을 위한 감독님만의 노하우가 있는지도 궁금해지네요.

한정된 연습 시간 동안 배우가 많은 곡을 배워야 하기 때문에 연습 초반에는 곡의 음정과 리듬을 정확하게 숙지하도록 신경을 많이 써요. 요즘 창작 뮤지컬의 곡들은 박자와 화성, 멜로디가 까다롭기 때문에 곡을 들었을 때는 어렵지 않지만 악보로 보면 어렵다고 느끼거든요. 나아가 각 배우가 곡의 음정과 리듬을 정확하게 표현해야 상대 배역의 음정에 흔들리지 않고 하모니를 이룰 수 있으니까요.

연습 초반에 기본기를 다졌다면 다음은 드라마를 이해해야죠. 뮤지컬 장르에서는 노래만 잘한다고 해서 배우의 실력이 좋다고 말하기는 어려워요. 드라마에 대한 해석을 노래에 담을 수 있어야 해요. 그렇지 않으면 노래와 감정을 하나로 표현할 수 없어요.

필요한 경우 노래의 음정을 생각하지 말고 가사만 연기하듯 말하게 해요. 그러면 배우가 노래를 부르는 것이 아닌 연기를 하고 있다고 생각해 음역에 대한 부담감을 덜 수 있어요. 점차 노래를 본인의 것으로 만들어서 노래하게 돼죠. 그 노래가 관객에게 오롯이 전달되면 그때, 관객이 감동하는 거예요.

서로 다른 배우가 같은 배역을 맡을 경우에는 각 배우의 창법에 맞춰 지도해요. 같은 노래도 누가 어떻게 해석하는지에 따라 부르는 방법이 달라지거든요. 각 배우의 장점을 최대한 드러내면서 실력을 향상시키려고 하죠.

배우를 지도하는 이야기를 들으니 음악감독의 역할에 대해 묻고 싶어요. 참여한 작품이 수출되는 과정을 지켜봤을 때 국내 음악감독과 해외 음악감독의 역할에 차이가 있었나요?

해외에서 음악감독 활동을 하지 않아 정확히 알려드릴 수는 없는데요. 뉴욕에서 유학을 했거나 음악 활동을 했던 분들에게 들은 바로는 브로드웨이에서 활동하는 해외 음악감독은 직업 이름 그대로 연습 현장에서 자리를

지키며 음악을 감독한다고 해요. 공연이 시작되면 지휘를 하고요. 때로는 키보드 연주를 병행하면서요. 그에 반해 국내 음악감독은 작품 내 음악과 관련된 모든 부분에 관여하고 책임지는 역할에 가까워요.

국내 음악감독의 역할에 대해 조금 더 상세한 설명 부탁드립니다.

제 경우로 설명하면 MR이 필요한 공연의 경우 MR을 만드는 과정부터 참여해요. 음원 소스를 선별하는 것부터 녹음 현장을 감독하는 일까지 모두 관여하죠. 뮤지컬 특성상 작품당 곡 수가 많아 작업 기간이 길기 때문에 틈틈이 편곡 작업도 하고 감독의 도움이 필요한 배우들이 있다면 배우들과 시간을 보내기도 해요. 물론 공연을 위한 회의에도 참석하죠.

공연 연습이 시작되면 완성도 높은 공연을 목표로 제작진과 의견을 나누며 음악의 방향에 대해서 세심한 부분까지 깊게 고민해요. 제작진의 고민이 무대에서 배우들의 연기로 표현되니까요. 음악과 배우의 연기가 최대한 연결되도록 노력하죠. 첫 공연이 임박했을 때는 모든 배우와 함께 작품의 시작부터 끝까지 실제 공연처럼 연습해 보는 런 스루에 집중해요. 런 스루를 거쳐야 배우와 음악, 배우와 배우 사이의 호흡을 정확하게 맞출 수 있어요.

이렇게 많은 일을 동시에 진행하다 보니 브로드웨이에서 활동하는 해외 음악감독처럼 현장에서 감독 역할만 하기는 어려워요. 보통 연습이 끝나는 밤 열 시 이후에 작업실에 가서 밤새도록 일해도 끝내기 어려울 정도로 일이 많거든요(웃음).

그래서 인터뷰 초반에도 언급했듯 최근에는 함께하고 있는 팀원들의 경험과 능력을 바탕으로 분업 체계를 만들고 있어요. 모두를 위한 방향이라고 생각하기 때문에 계속해서 만들어가고 싶어요. 각 현장을 담당하는 감독과 실시간 소통으로 상황 공유가 바로 이루어진다면, 저는 제 판단이 필요한 큰 범위의 일을 살피면서 다른 초연 작품에 집중할 수 있겠죠.

현재는 어떤 이들로 팀이 구성됐는지 궁금해요.
우선 음악감독인 저와 조감독들로 구성된 음악 팀이 있어요. 조감독들은 연습실과 현장에서 피아노 반주를 기반으로 배우들에게 반복적으로 노래를 알려주는 역할을 해요. MR 공연을 할 때는 큐랩[9]이라는 소프트웨어를 이용해서 음원을 편집하고 재생하고요. 창작 뮤지컬의 경우 현장에서 바뀌는 악보의 수정 작업을 해요.

다양한 악기 연주자들로 구성된 연주 팀도 있죠. 바이올린, 비올라, 첼로, 콘트라베이스, 퍼커션, 클라리넷, 플루트 연주자로 구성되어 있어요. 작품에 맞게 악기를 구성해서 녹음하거나 라이브 연주를 함께해요. 언제나 능숙한 기술로 출중한 연주 실력을 보여주면서 작품에 담긴 감정까지 표현하는 팀이에요. 이들 중에는 십 년 이상 함께 작품을 하고 있는 소중한 분들도 있어요.

보정 작업을 통해서 음악의 완성도를 높여주는 믹싱감독님도 있어요. 감독님과는 오 년 정도 함께하고 있는데요. 그분의 손을 거치면 곡의 완성도가 달라져요(웃음).

이야기를 듣다 보니 MR 작업이 업무의 큰 비중을 차지하는 듯해요.
    MR 비중이 큰 공연을 진행할 경우에 해당돼요. 라이브

---

9 큐랩(QLab): 공연에 필요한 음향, 조명, 영상과 관련된 장비를 제어할 수 있는 Mac 전용 소프트웨어를 말한다.

연주가 중심인 공연을 할 때는 다르죠. 이때는 음악 편곡, 오케스트라 연습 및 지휘를 하기 때문에 배우와 현장 스태프들과 함께 매 회 공연을 무대에 올리는 일이 가장 중요해요.

MR 비중이 큰 공연에 대해서 덧붙여 설명하면요. 만약 현악기, 목관악기, 금관악기의 소리를 표현하기 위해 14인조 오케스트라가 필요하다면 현실적으로 공연할 때마다 14인조 오케스트라를 대동할 수는 없기 때문에 사전에 오케스트라 연주를 MR로 제작해요. 공연 현장에서는 프로그램을 사용해 MR로 녹음된 연주를 라이브 연주와 함께 관객에게 들려주고요. MR과 라이브 연주 소리가 적절하게 어우러져 관객에게 전달된다면 관객은 신시사이저[10]로 만든 인위적인 소리가 아닌 실제 악기로 녹음된 연주를 들을 수 있는 거예요.

---

10 신시사이저(Synthesizer): 소리를 전자적으로 발생시키고 변경시키는 전자 악기로 전기적 장치를 이용해 리듬과 음색을 자유로이 조절할 수 있다.

공연 특성상 보통의 직장인처럼 팀원들과 매번 함께 일하지는 않죠. 팀원들과는 어떤 형태로 일하고 있나요?

조감독들과는 거의 모든 작품을 함께하고요. 연주자들은 필요할 때 요청해서 함께 작품을 하죠. 월급처럼 고정적으로 수입원이 있는 직업이 아니기 때문에 적극적으로 다른 일을 하라고 권해요. 서로가 성장할 수 있는 방향을 기반하기 때문에 이런 형태로 함께하고 있어요. 따로 또 같이 일하는 셈이죠.

조감독들에게도 꼭 음악감독이 아니더라도 작곡가처럼 본인 작품을 할 수 있는 좋은 기회가 온다면 그 기회를 놓치지 말라고 조언해요. 조감독 시절을 겪어보니 본인 작품을 하고 싶은 욕심이 있어야 뮤지컬계에서 오래 일할 수 있겠더라고요. 꿈을 포기하고 싶은 순간도 이길 수 있게 만들어주고요.

이번에는 작품 이야기를 해볼게요. 그동안 해온 작품들을 살펴보니 초연과 재연 모두 작업한 작품과 초연 또는 재연만 한 작품으로 나눌 수 있었어요. 각 경우에 중점을 두는 부분이 다른가요?

초연을 할 때는 재연할 수 있는 작품을 만드는 것을 목표로 해요. 항상 똑같이 열심히 하는데도 재연을 못 하는 작품이 생기거든요. 너무 속상한 일이라서 '반드시 초연을 성공시켜 꼭 재연을 하겠다.'라는 마음으로 작품에 임해요(웃음). 초연이 잘되면 재연을 할 수 있을 뿐만 아니라 뮤지컬계에도 긍정적인 영향을 줄 수 있으니까요. 제작진, 제작사, 관객 모두에게 좋은 일이 되는 거죠. 나아가 수출까지 이어진다면 'K-Musical'의 세계화에 도움이 되는 일이고요.

재연만 할 경우는 또 달라요. 초연을 담당했던 제작진이나 저를 추천한 분과 친분이 있는 사이라면 우선 그분들에게 연락해 봐요. 합류해도 괜찮은 상황인지 작품의 전후 사정을 파악한 후 합류 여부를 결정하죠. 친분이 형성되어 있지 않다면 제작사에 물어보기도 하고요. 덧붙여 제가 합류했을 때 음악의 흐름과 편곡 등 변화하는 부분이 분명히 생길 텐데 그러한 부분들을 존중해 줄 수 있는지도 확인해요. 음악감독이라면 누구나 깊은 고민을 거쳐 좋은 방향으로 이끌려고 노력하는데요. 변화된 결과물에 대한 존중이 없다면 작품에 참여하기 어렵죠.

제작하는 입장에서는 재연 여부를 결정짓는 중요한 요인 중 하나로 관객들의 반응을 꼽을 수 있겠죠. 관객의 반응은 어떤 방법으로 확인하나요?

> 현장에서 직접 느껴지는 관객의 반응을 중요하게 생각해요. 현장에서 이동할 때마다 객석에 앉아있는 관객이 공연에 얼마만큼 집중하고 있는지, 감정이 어떻게 변화하는지 살펴봐요. 공연을 보는 지인들의 이야기에도 귀 기울이고요. 공연의 막이 내리는 순간 뭉클함을 느끼면서 수고한 이들에게 고마움이 커져 객관성을 잃게 되거든요(웃음).

한 회 차의 공연을 마치면 다음 공연을 위해서 관객의 긍정적인 의견에 대해서는 고도화를, 부정적인 의견에 대해서는 개선하는 작업을 하기도 하나요?

> 아니요. 제작진이 진심을 다해 작품을 만들었다면 언젠가는 그들의 치열한 고민과 진심이 관객에게 전달될 것이거든요. 그렇기 때문에 우선 충분한 시간을 갖고 관객의 반응을 지켜보는 편이에요.

초연의 현장 반응을 통해 재연 가능성을 예상하기도 하나요?

> 아니요. 예상 못 해요(웃음). 다행인 점은 관객분들이 그동안 해왔던 작품들에 늘 기대 이상의 반응을 보여주셨

다는 거예요. 정말 감사한 일이죠.

초연의 재연 성공률과 재연을 지속하는 요인도 궁금하네요.

　재연 성공률은 90% 이상이에요. 재연을 꾸준히 할 수 있었던 이유는 좋은 창작자들과 좋은 제작사, 좋은 배우들, 좋은 제작진이 만나 서로 맞춰가며 노력했기 때문이에요. 단 하나도 쉽게 만든 작품이 없어요. 작품마다 치열한 순간들을 함께 겪었죠. 그렇게 만든 작품들이 시간이 흐르면서 계속 쌓였고요.

치열한 작업이 계속 이어지니 체력 소모가 상당할 듯해요.

　언제나 마지막 작품이라 생각하고 임하기 때문에 그런 듯해요. 미련이 남지 않도록 최선을 다하거든요.

재연을 하기 위해서는 좋은 초연 작품을 알아보는 안목도 필요하겠죠. 작품을 고르는 본인만의 기준은 무엇인가요?

　본 공연 전에 쇼케이스를 진행하는 경우가 많아서 작품 제안을 받을 때 대본을 비롯해 쇼케이스 음원, 영상 자료들을 함께 받아요. 자료를 살펴보면서 제 마음을 쏟을 수 있을 정도로 매력적인지 고려하죠. 작품을 고를 수 있는 기회를 주신 만큼 진심으로 열심히 할 수 있는 작품인지 확인하는 거예요.

본인만의 직업적인 장점은 무엇이라고 생각하나요?

사운드 엔지니어링을 할 수 있다는 점이에요. 뮤지컬 사운드트랙 앨범 작업을 시작할 당시에는 외부 엔지니어의 도움을 받았어요. 외부 엔지니어와 작업을 하면 할수록 장르에 따른 직업 방식의 차이를 느꼈죠. 그분은 대중가요 위주로 작업을 해온 터라 저희의 작업 방식과 다르더라고요. 원하는 결과물이 나오지 않아서 저와 조감독이 엔지니어 옆에 붙어서 하나하나 설명하며 작업하기도 했는데요(웃음). 이런 과정을 계속 겪다 보니 직접 하면 좋겠다는 생각이 들어 관련 기술을 익히게 됐죠. 덕분에 현재는 수월하게 작업할 수 있을 정도로 숙달된 상태예요(웃음). 물론 제가 할 수 있는 단계까지만 혼자 작업하고요. 높은 수준의 기술이 필요할 때는 전문가들과 함께 작업하고 있어요.

그렇다면 단점도 있을까요?

제작사 혹은 제작진이 작품에 도움되는 의견을 제시할 경우 가급적 수용하려 한다는 점이에요. 그런 요청에 긍정적으로 답하다 보면 수정 분량이 산더미처럼 불어나 힘들어지죠(웃음). 보통 첫 공연이 시작되기 전에는 공연 준비만으로도 정신없이 바쁜 상황인데요. 제작사에서 작품 홍보를 위한 콘서트 진행을 요청할 때가 있어요.

그럼 저는 그 요청을 수락해요. 콘서트를 통해서 공연 홍보가 잘되어 공연 예매율이 높아질 것이라고 예상되니까요. 이제 공연 외에 콘서트 준비라는 새로운 일이 시작되는 거예요(웃음). 저를 비롯해 편집, 믹싱감독, 조감독들까지 콘서트 진행에 필요한 모든 역할에 말이죠.

뮤지컬 산업의 변화에 따라 음악감독이 될 수 있는 방법도 변화했을 듯해요. 감독님이 음악감독이 됐을 당시와도 다를 것이고요. 현재는 어떤 경로로 음악감독이 될 수 있을까요?

제가 뮤지컬을 시작했을 때에는 작곡가와 음악감독을 동시에 할 수 있는 시대가 아니었는데요. 시대가 변화함에 따라 요즘에는 두 가지 역할을 동시에 할 수 있다고 생각해요. 그래서 본인이 작곡가로 참여한 작품의 음악감독을 맡는다면 빠르게 음악감독이 될 수 있지 않을까 싶어요.

본인이 작곡한 곡으로 음악감독을 할 수 있는 기회가 많은 편인가요?

물론 제작사에서 처음부터 기회를 주지는 않을 거예요. 우선 작품의 작곡가로 참여해서 대중에게 좋은 반응을 이끌어낸 경험을 쌓은 후에 제작사에 음악감독까지 해보겠다고 제안하는 식이 좋을 듯해요.

규모가 작은 작품일 경우 첫 작품으로 작곡과 음악감독을 동시에 할 수 있는 기회가 주어질 수도 있는데요. 만약 그 작품이 초연 뮤지컬이라면 두 가지 역할을 병행하는 것 자체가 힘들 거예요. 우선 본인의 커리어를 길게 바라보고 노하우를 가진 음악감독과 작품을 해보면서 뮤지컬 제작 환경이나 시스템을 학습하고요. 그 후에 본인의 작업을 시작하는 방법을 고려해 보면 좋겠어요.

현재 지와 함께 일하는 조감독들을 예로 들면 조감독 역할을 하면서 작가로서 작품을 개발하거나, 작곡가로서 곡을 만들고 있어요. 그러면서 자신의 작품으로 제작사와 계약도 해요. 동시에 제가 작품을 하고 있으니까 본인들의 실력을 발휘할 기회도 계속 생기죠. 이런 기회들을 통해 새로운 작품의 음악감독으로 연결될 수 있는 거예요. 왜냐하면 업계 관계자들은 항상 일 잘하는 이들을 눈여겨보고 있거든요.

함께 일하는 조감독들과는 어떻게 만났는지 궁금하네요.

십 년 이상 함께하고 있는 조감독은 학교 후배예요. 재학 시절부터 친분이 있었던 건 아니고요. 모교에 특강하러 갔을 때 알게 됐어요. 뮤지컬 음악을 하고 싶어 하는 후배 중 한 명이었는데요. 정말 뮤지컬을 좋아하고, 어른스

럽고, 상황 판단을 잘하는 현명함까지 갖춰 지금까지 함께하고 있죠. 다른 조감독들은 제가 멘토로 참여한 아르코예술인력개발원, 한양대학교의 교육 프로그램을 통해 만났어요. 그곳에서 일 년 정도 교육에 참여하는 모습을 지켜본 후 함께 일하자고 제안했죠.

일정 시간 동안 지켜본 후 함께 일할 것을 제안한 특별한 이유가 있나요?

음악감독에게는 일을 끝까지 해낼 수 있는 힘이 정말 중요해요. 공연을 준비하거나 진행할 때 갑자기 시간이나 환경적인 제약이 발생하는데요. 이때 일을 끝까지 해낼 수 있는 힘을 가진 이들이 결국 일을 완성하더라고요. 일 년 동안 교육받는 모습을 지켜보면 각 교육생이 어느 정도의 힘을 가졌는지 알 수 있어요. 어떤 성향인지, 조감독 일을 하기에 적합한 실력을 가졌는지도 자연스럽게 알게 되고요.

그동안 해왔던 작품들 중 가장 애착하는 작품이 있다면 소개해 주세요.

<HOPE>예요. 2018년에 공연예술창작산실 사업에 작품을 제출할 때부터 참여했어요. 음악감독이 된 후 지원사업에 처음 참여한 작품이다 보니 의미도 커요. 사업 선

정을 목표로 최선을 다했어요. 예산이 부족한 상황이었지만 양질의 음악을 관객에게 들려주고 싶었거든요. 쇼케이스에서 한 번 사용할 음악들이지만 곡의 연주 부분을 라이브로 녹음하겠다고 마음먹었죠. 연주자들이 연주하는 곡을 하나하나 녹음하고 믹싱까지 진행한 기억이 나요. 모든 음악을 정성껏 만들었기 때문에 무척 애착이 가는 작품이에요. 흥행도 했고요(웃음).

<HOPE>로 2019년 한국뮤지컬어워드에서 편곡/음악감독 부문으로 음악상을 수상하셨죠. 상을 받았을 때 어떤 기분이었나요?

사실 못 받을 줄 알았어요. <HOPE>가 다른 부문에서 계속 수상해서요. '아, 이번에는 안 되겠구나.' 생각하며 시상식장에 앉아있었는데요. 제 이름이 호명된 순간 정말 꿈만 같았어요. 뮤지컬이 좋아서 이 일을 시작한 이십 대 초반부터 모든 힘을 쏟아부어 이룩한 지금까지, 모든 순간이 주마등처럼 스쳐갔죠. '뮤지컬계에서 버티길 잘했구나.'라는 생각이 들었어요. 처음 초대받은 시상식에서 상까지 받으니 '이제야 뮤지컬계에 초대받았구나.'라고 느꼈죠.

아쉬움이 남은 작품도 있을까요?

<셜록홈즈 2>예요. 지금 들어도 전혀 촌스럽지 않은 곡들로 이루어져 있고 잘 만든 음원과 라이브 연주로 관객에게 양질의 공연을 선보였는데요. 공연 기간이 짧아서 많이 아쉬웠어요.

음악감독과 작곡가 활동 외에 다양한 교육 프로그램의 멘토로 활동하며 뮤지컬 장르와 관련된 음악 교육을 해오고 있어요. 이를 시작한 특별한 계기가 있었나요?

사실 교육을 시작하기 전에는 제가 조언할 입장이 아니라고 생각했어요. 작곡가를 준비할 때 창작자에게는 본인과 맞는 멘토를 만나는 것이 정말 중요하다는 걸 깨달은 경험이 있어서 조심스러웠죠. 음악감독을 하면서 몸담고 있는 예술 산업에 대한 관점이 깊어져 점점 마음을 열게 됐어요. 누군가는 제가 작곡하면서 부딪힌 어려움이나 현장에서 상처가 됐던 부분을 지금 겪고 있을 수 있으니까요. 그들에게 도움을 줄 때가 됐다고 생각한 거죠.

뮤지컬 작곡과 보컬 트레이닝 두 가지 분야를 교육하고 있죠. 분야별로 교육을 진행할 때 중점을 두는 점이 무엇인지 궁금해요.

뮤지컬 작곡 수업은 곡을 만드는 작곡과 대본을 쓰는 작가 과정을 함께 진행하고 있어요. 교육 초반에는 대본을 볼 수 있는 능력을 키우는 것에 초점을 맞췄어요. 작가와 작곡가가 함께 훈련해요. 대본을 만들 때 작가가 고민하는 과정부터 작곡가가 함께하도록 만드는 거죠. 지금은 작품 제작 초기 단계부터 작가와 작곡가가 어떤 이야기를 만들지 함께 고민하며 작품을 만들어가는 시대라고 생각하거든요.

이미 관련 교육 과정을 수료했거나 기술적으로 준비가 된 교육생들에게는 단순히 과제를 주기보다 제가 진행하는 작품에 참여할 기회를 제공하려고 해요. 현장 경험을 통해 뮤지컬계에 등단할 수 있게 돕고 싶거든요. 뮤지컬 음악에 입문한 교육생들에게는 다양한 장르의 곡을 만들 수 있는 기량을 쌓도록 과제를 많이 내주고요. 악보와 가이드 음원을 만드는 작업이에요.

이와 같은 과정을 거친 후에는 관객에게 선보일 수 있는 '작품'을 완성할 수 있도록 지원하고 있어요. 창작자 입장에서는 작품을 완성하고 그 단계에만 머무르면 너무 속상하거든요. 다행히 교육생들의 작품마다 도와줄 수 있는 방법이 보여요. 물론 교육생의 작품을 온전히 책임질 수 있는 입장이 아니기 때문에 조심스럽게 접근해야

할 부분이지만, 함께 교육을 진행하는 작가 선생님들과 의견을 모아 적합한 방향을 제시하고 있어요.

배우의 보컬 실력을 향상하는 교육은 기술적인 측면을 중점으로 진행해요. 기초가 부족한 교육생이 많기 때문에 우선 노래를 부를 수 있는 몸 상태를 만드는 것부터 시작하죠. 이후 유명한 뮤지컬 넘버를 화음, 솔로 및 앙상블의 형태로 연습하는 단계로 넘어가요. 유명한 뮤지컬 넘버를 직접 불러보는 것만으로도 좋은 교육이 되죠. 같은 곡이라도 혼자 연습할 때와 여럿이 모여 연습할 때 배울 수 있는 점들이 달라 그만큼 얻는 점도 많아요. 해석에 따라 같은 노래를 다르게 표현하는 방법, 구절에 적합한 기교들 같은 세부적인 내용도 교육해요.

공연예술 기관에서 교육하는 것이 아닌 감독님이 독자적으로 조감독 혹은 음악감독을 양성하는 교육을 진행하기도 하나요?

처음 개인 작업실을 마련했을 때는 그런 마음을 갖고 있었어요. 뮤지컬 음악감독에 관심을 가진 이들을 작업실에 초대해 특강 형태로 궁금한 점들을 알려주려고 했죠. 실제로 작곡하는 이들을 대상으로 진행하기도 했는데요. 현재는 제가 책임질 사람들이 많아져서 진행하지 못

하고 있어요. 지금 함께하고 있는 사람들부터 챙겨야 하는 상황이에요(웃음).

감독님의 기술과 이론을 배우고 싶은 분들이 있다면 감독님이 멘토로 활약하는 교육 프로그램에 참여하는 것도 하나의 방법이 될 수 있겠네요.

맞아요. 교육하는 입장에서도 적극적인 모습을 보이는 학생들을 마다할 이유가 없죠. 실제로 공연 연습을 참관할 기회를 주기도 해요. 그때 인사하면서 서로 알아갈 수도 있고 때마침 필요한 역할에 적합하다면 기회를 줄 수도 있죠.

뮤지컬 음악감독을 진로로 고민하고 있는 독자분들에게 어떤 조언을 해줄 수 있을까요?

스스로 무대에 올라 연주하는 훈련을 해보면 좋겠어요. 그러려면 우선 본인이 창작자가 돼야 해요. 자신의 음악을 꾸준히 만들어서 대중에게 선보일 수 있는 창작자요. 오프라인에서 본인이 설 수 있는 무대가 있다면 가리지 말고 모든 것을 해보길 바라요. 밴드를 구성할 수도 있고 교회에서 연주할 수도 있겠죠. 온라인에서는 창작자의 정체성을 표현할 수 있는 유튜브 같은 매체들을 활용해보는 거예요. 누가 보지 않더라도 꾸준히 작업하는 게 중요해요.

요즘은 뛰어난 기량을 가진 이들이 많아서 특정 장르를 바로 연주할 수 있는 반주자를 섭외해요. 예전처럼 일정 기간 동안 반주자를 교육한 뒤 공연에 투입하지 않아요. 그래서 언제든 작품에 참여할 수 있는 실력을 갖추고 있어야 하는데, 현실적으로 짧은 시간에 모든 장르를 잘할 수는 없을 거예요. 그러니 자신이 잘할 수 있는 장르를 정말 '잘' 하도록 미리 실력을 갖추어놓는 것도 필요하죠.

창작 작품의 음악 수준이 무척 높아졌기 때문에 그 수준에 맞는 음악적 능력도 갖춰야 해요. 다양한 작품을 보고 분석한 후 작품의 음악을 구현하는 연습이 필요하죠. 혼자서는 지속하기 어려울 수 있으니 관련 모임에 참여해서 함께 해보면 좋겠어요.

마지막으로 노래를 부르고 악기를 연주하는 행위 자체에도 즐거움을 느끼길 바라요. 그래야 연습하는 무대에서도, 음악감독을 업으로 삼았을 때도 그 속에서 행복을 찾을 수 있어요.

훈련 방법과 강도를 구체적으로 설명해 줄 수 있나요? 감독님이 훈련한 내용을 예시로 알려주셔도 좋겠네요.

제 경험을 들려드리면 조감독 일을 시작하기 전에는 합주에 참여했어요. 조감독 시절에 다양한 작품에 참여하면서 자연스럽게 해당 작품의 음악 장르를 습득해 갔죠. 오전 열 시에 출근해서 밤 열 시에 퇴근하는 일정이었으니까 습득이 안 될 수가 없었어요. 종일 피아노를 치니까요(웃음). 처음에는 한 곡 연주하는 것도 버거웠지만 연습량이 쌓이면서 열 곡, 스무 곡, 서른 곡을 연주해도 괜찮은 상태가 됐죠.

사실 제가 조감독 일을 바로 시작하기도 했고 당시와는 환경이 달라졌기 때문에 정답을 알려드리기는 어려워요. 한 달을 기준으로 한 작품의 모든 음악을 익힐 수 있도록 목표를 설정하면 좋겠어요. 음악감독은 본인이 할 수 있는 수준 이상의 음악으로 구성된 작품을 진행할 때도 있기 때문에 한 작품에 있는 모든 곡을 연습해 봐야 본인이 표현해 내기 어려운 곡들을 소화할 능력을 기를 수 있어요. 꼭 음악감독이 아니더라도 뮤지컬계에 입문하고 싶은 사람이라면 이 방법을 실천해 봤으면 해요.

인공지능을 비롯해 음악 산업과 관련된 기술이 빠른 속도로 발달하고 있어요. 현재 산업에 종사하고 있는 입장에서 바라볼 때 뮤지컬계에 어떤 변화가 있을 것이라고 예상하나요?

음악감독의 역할이 더 중요해질 거예요. 관객이 좋아하는 음악을 만들어 관객이 좋아할 수 있도록 무대에서 구현하는 역할은 사람만이 할 수 있다고 생각하거든요. 홀로그램 뮤지컬 작품을 진행해 보니 '기술만으로 관객에게 만족감을 줄 수 있을까?'라는 의문이 들더라고요. 기술을 어떤 방법으로 뮤지컬에 접목할지, 그 효과는 무엇일지도 생각해 봐야 하고요.

만약 인공지능을 활용해서 음악적으로 높은 수준의 뮤지컬 작품을 만들게 된다면 음악감독은 음악이 드라마에 적합한지 판단하는 일을 할 수도 있겠다는 생각이 드네요. 분명한 점은 사람이 기술에 휘둘리는 것이 아니라, 사람에게 이롭도록 기술을 활용할 방법을 고민해야 하는 시점이라고 봐요.

PERSON 04

뮤지컬 음악감독은 치열한 순간 속에서 작품을 완성한다.

이성준

PERSON 04
이성준

자기소개 부탁드립니다.

뮤지컬 음악감독이자 단국대학교 뮤지컬과 교수로 재직 중인 이성준입니다. 2005년 <오! 당신이 잠든 사이>로 데뷔한 후 <햄릿>, <삼총사>, <살인마 잭>, <모차르트>, <잭 더 리퍼>, <로빈훗>, <신데렐라>, <프랑켄슈타인>, <비밀의 화원> 등의 작품 활동을 해왔어요. 뮤지컬이라는 장르 안에서 작곡가로서 곡을 쓸 때는 브랜든 리, 음악감독으로서 지휘를 할 때는 이성준으로 소개하기도 합니다.

역할에 따라 두 가지 이름을 사용한다는 점이 흥미롭네요. 각 역할에 대해 더 자세히 설명해 주세요.

작곡가 브랜든 리는 곡을 써요. 작품의 콘셉트와 스토리가 정해진 후에 각 장면에 맞는 곡을 만드는 거죠. 뮤지컬에는 보통 스무 곡 내외의 곡이 포함되기 때문에 곡 작업에 상당한 시간과 노력이 필요해요. 요즘은 창작 뮤지컬 <베르사유의 장미>를 작업 중인데요. 제 눈에 보이는 모든 대상이 마치 <베르사유의 장미> 속 한 장면처럼 보일 정도로 온 정신을 집중하고 있어요.

음악감독 이성준은 작품 속 음악의 모든 과정에 참여해요. 배우들의 노래 연습, 오케스트라 연습, 공연장 연주자들의 자리 배치, 그들을 지휘하는 일까지 작품 속 메시지가 관객에게 정확하게 전달되도록 돕는 역할이에요.

음악감독으로서의 업무를 자세히 살펴보기 전에 어떤 계기로 음악을 시작하고 업으로 삼게 되었는지 궁금해요.

처음부터 음악적 재능이 뛰어난 건 아니었어요. 음악을 벗 삼으면 좋겠다는 어머니의 권유로 피아노를 시작했죠. 어머니께서 피아노 학원을 운영하셨거든요. 피아노를 통해 음악과 가까워질 수 있었고 자연스레 기타까지 관심이 이어졌어요. 고등학교 진학을 앞두고 '내가 정말 좋아하는 것은 무엇일까?'라는 고민을 하다 보니 결국 음악이라는 생각으로 이어져 서울예술고등학교에 진학했어요.

당시 한 학년당 남학생 수가 서른 명도 채 되지 않았는데요. 그래서 성악과가 아님에도 합창을 하고, 피아노도 옮기고, 전공도 아닌 관현악 행사에도 참여해야 했어요. 이런 환경 속에서 다양한 음악을 접하게 된 거죠. 그전까지는 클래식 음악 위주로 듣고 공부해 온 터라 그때 접한 음악들이 더욱 새롭게 다가왔어요.

음악에도 다양한 장르가 있는데 그중 뮤지컬 음악에 흥미를 갖게 된 특별한 계기가 있었나요?

고등학교를 다니던 어느 날 <웨스트사이드 스토리>라는 뮤지컬을 관람했고 그날이 제 음악 인생의 터닝포인트가 되었어요. '뮤지컬에 내가 사랑하는 음악이 가득하구나.'라는 생각과 함께 작품에서 받은 감동이 마음속에 넘쳐흘렀죠. 그날 저녁 부모님께 클래식 음악이 아니라 뮤지컬 음악을 하고 싶다고 말씀드렸어요. 당연히 두 분은 반대하셨고요(웃음).

부모님께서 반대하신 이유가 무엇이었나요?

부모님 입장에서 생각하면 당연한 반응이었어요. 당시에 뮤지컬 공연은 일 년에 많아야 두세 작품만 공연됐거든요. 미래가 불투명해 보이는 한국 뮤지컬 시장에 뛰어들겠다는 아들이 걱정되었을 거예요. 그런 걱정과 반대에도 뮤지컬 음악이 하고 싶어서 한국예술종합학교에 지원해 합격했지만, 클래식 음악을 하길 바라는 부모님의 간곡한 부탁으로 서울대학교에 클래식 기타 전공으로 입학했죠. 그런데도 뮤지컬 음악을 하겠다는 의지는 꺾이지 않았어요. 오히려 더 큰 열정이 생겼죠. 대학 수업을 마친 후에는 당시 종로에 있던 아카데미에 다니며 뮤지컬에 대해서 배웠고 크루, 조연출 등의 역할을 하며 현장 경험을 쌓았어요. 이렇게 노력하는 모습이 부모님의 마음을 움직인 게 아닐까 싶어요. 나중에는 뮤지컬 공부를 할 수 있도록 지원도 해 주셨어요(웃음).

뮤지컬계에 어렵게 입문한 만큼 작품을 선택하는 기준도 남다를 것 같은데요. 작품의 참여 여부를 판단하는 본인만의 기준이 있을까요?

작품을 진행하기 전에 두 가지를 꼭 확인하는데요. 첫 번째는 '관객이 이 공연을 봐야 하는 이유가 무엇일까'에 대한 답을 찾는 것이에요. 음악감독 스스로 명확한 답을 찾지 못하면 관객의 공감을 이끌어낼 수 없기 때문이죠. 두 번째는 '관객들의 마음을 사로잡을 수 있는 인물이 존재하는지'에 대한 고민이에요. 종종 제가 지도하는 학생들에게 "가장 좋아하는 작품이 뭐예요?"라는 질문을 던지는데요. 학생들의 다양한 대답에 '왜?'라는 질문을 이어가다 보면 '작품보다는 작품 속 인물이 좋아서'라는 결론에 도달하더라고요.

2022년 봄에 진행했던 뮤지컬 <아몬드>가 앞서 언급한 두 가지 사항에 대한 명확한 답을 가지고 있었어요. 관객의 공감을 살 수 있는 작품의 메시지가 굉장히 뚜렷했고 제 마음을 뺏어간 매력적인 인물도 있었거든요. 이번 기회를 놓치면 크게 후회할 것 같아서 바쁜 일정임에도 음악감독을 맡았어요(웃음).

음악감독의 관점에서 바라볼 때 작품이 매력적인 동시에 관객을 설득할 수 있는 타당성도 갖춰야 한다는 의미겠네요. 그다음은 어떤 단계로 이어지나요?

작품이 정해졌다면 본격적으로 공연 준비를 해요. 배우 캐스팅, 악보 작업 등이죠. 음악 연습을 진행하면서 연출팀과 무대 동선도 맞추고요. 그 후에는 오케스트라와 함께 연습하고 극장에 들어갑니다.

극장에 들어와서는 오케스트라 피트 정리를 가장 먼저 해요. 오케스트라가 장시간 연주를 안정적으로 하는 동시에 지휘자를 편하게 볼 수 있는 위치, 관객이 피트 연주자들로 인해 시야가 방해받지 않는 위치, 이 두 가지를 고려해 악기를 배치하죠. 이후 음향감독님과 함께 공연 관련 음악이나 효과음을 들어보며 각 층과 객석에서 들리는 소리에 대해서 논의하고 밸런스를 잡아요.

오케스트라 튜닝도 진행하는데요. 악기를 하나씩 연주해 보며 스피커를 통해 들리는 사운드 톤을 조율해요. 모든 악기를 확인했다면 최종적으로 오케스트라의 하모니가 자연스러운지 살펴보며 밸런스를 조절하고 톤을 다듬어요. 마지막으로 배우들의 노래를 모니터하는 시간을 가져요. 연습실보다 훨씬 큰 공연장에서 마이크를 통해 노래를 부르면 평소와는 다른 소리를 낼 수도 있기 때문에 배우들의 긴장을 덜어주는 것도 제 몫이고요. 오케스트라와 배우들의 합을 맞춰가는 과정도 중요하기 때문에 매일 소통하고 조율할 수 있는 시간을 가져요. 이 모든 과정이 끝나면 드디어 관객을 마주할 수 있는 거죠.

준비 과정이 창작과 라이선스에 동일하게 적용되나요? 동일하지 않다면 각 준비 과정에서 어떤 차이가 있나요?

창작 작품은 인물의 감정과 무대의 분위기 등을 고려해 직접 곡을 쓴다면 라이선스 작품은 곡을 쓴 작곡가의 의도를 분석해요. 특히 창작 작품은 시대적 배경도 함께 고려해야 하기에 작품을 준비할 때 정말 책을 많이 읽는데요. 작품의 배경이 되는 시대와 중요 사건들 그리고 생활 모습 등을 책에서 확인할 수 있어요. 특히 옷은 그 시대의 생활 패턴을 잘 보여주는데요. 예를 들어 인물이 반팔을 입고 있다면 육체 노동을 직업으로 삼고 있을 가능성이 높은 거죠. 따라서 노동요의 존재도 추측할 수 있고 나아가 배역의 곡도 노동요로 정해지는 식이에요. 이처럼 시대적 배경을 바탕으로 논리적 추론을 이어가면서 작품의 완성도를 높여가요.

반면 라이선스 작품은 원곡자의 의도를 분석하기 위해서 현재에서 과거로 시간을 거슬러 올라가요. 현시점부터 작곡가가 고민하던 시점까지 천천히 돌아가보는 거죠. 전달받은 서류와 영상만으로는 원작자가 고민한 흔적을 찾기 어렵기 때문에 현지에 방문해 악보나 대본에서 어떤 오류나 실수가 있었고 어떻게 수정되었는지 확인하기도 해요. 이런 과정을 거쳐야 국내에서 작품을 진행할 때 시행착오를 줄일 수 있어요.

라이선스 작품의 경우 해석의 여지를 최대한 줄이고 원작에 충실해야 한다고 들었어요. 작품이 탄생한 현지와 공연이 이뤄지는 국내 사이에 존재하는 시대적, 문화적 차이를 어떻게 극복하고 있는지도 알려주세요.

시대적, 문화적 차이를 인식하고 있음에도 불구하고 타당한 이유 없이 원작을 그대로 따라야 할 때 가끔 답답하기도 해요. 하지만 이 또한 존중해야 할 가치라고 생각해요. 저는 곡을 쓰는 작곡가를 제1창작자, 곡을 표현하는 음악감독을 제2창작자로 표현하는데요. 제2창작자가 제1창작자를 존중하지 않으면 작품의 완성도가 떨어

질 수밖에 없어요. 물론 공연을 준비하다 보면 관객의 이해를 돕기 위해 시대적, 문화적 간격을 줄여야 할 때도 분명히 존재하는데요. 그때는 원작을 충분히 존중하고 있음을 표현한 후에 제1창작자인 작곡가를 포함한 라이선스사를 설득해야 해요. 원작에 대한 존중 없이 수정만 요구한다면 오히려 원작 보존을 더욱 강하게 주장할 수 있기 때문이죠. 물론 저뿐만 아니라 그들도 저를 설득하고요(웃음). 이런 과정이 번거롭기도 하지만 작품의 완성도를 높이기 위해 필요한 단계라고 생각해요.

서로를 설득하는 과정에서 공연의 완성도가 높아진다는 의미가 되겠네요. 그렇다면 본인이 작곡한 곡이 새롭게 해석될 때는 어떤 기분을 느끼는지도 궁금해지네요.

저는 제 곡이 다양한 사람들에게 새롭게 해석되는 것을 긍정적인 시각으로 보고 있어요. 제 곡을 의도와 다르게 연주하고 심지어 틀리더라도 불쾌한 적이 단 한 번도 없고요. 오히려 고마운 마음이죠. '내 곡에서 어떤 것을 느꼈기에 저렇게 표현하는 걸까?'를 상상하는 것만으로도 여러 세대의 공감을 경험할 수 있으니까요. 다양한 관객층의 만족과 이해를 높일 방법을 고민하는 계기가 되기도 해요.

저도 때로는 모차르트나 베토벤의 곡을 제 나름대로 해석해서 연주하고 편곡도 하는데요. 그들도 자신의 곡이 다른 사람의 손에 연주되거나 편곡되는 것을 원하지 않았다면 굳이 악보로 남기지 않았을 거예요. 모차르트나 베토벤의 곡처럼 제 곡도 사람들이 마음껏 연주하면 좋겠어요. 음악에는 정답이 없잖아요. 많은 이의 다양한 생각과 취향이 곡에 여러 빛깔의 옷을 입힌다고 생각해요.

작곡가가 만든 곡에 배우의 연기와 노래가 더해질 때 비로소 무대가 완성된다고도 볼 수 있을 텐데요. 배역에 어울리는 배우가 캐스팅되는 것도 중요할 것 같아요. 배우 오디션은 어떻게 진행되나요?

오디션은 총 세 차례에 걸쳐 진행되는데요. 1차 오디션에서는 심사위원 각자의 전문 분야를 기준으로 참가자의 역량을 확인해요. 연출 팀은 배우가 작품 속 다양한 배역에 어울릴지, 안무 팀은 배우가 작품의 안무를 수행할 능력을 가졌는지, 음악 팀은 배우가 음정, 박자, 리듬을 정확하게 표현하면서 노래를 부르는지 평가하는 식이죠.

2차 오디션에서는 1차 오디션에서 검증된 배우의 역량을 더 깊고 종합적인 관점으로 바라봐요. 작품 속 배역과 잘 어울리는 음색을 가졌는지, 음악적 소양이 조금 부족하더라도 리듬을 잘 분석하는지, 음악에 맞는 안무를 수행할 수 있는지, 다른 배우들과 무대 위에서 잘 섞일 수 있을지를 평가하죠. 정리하자면 2차 오디션까지는 무대에 서기 위한 기본적인 능력을 평가하는 시간이에요.

마지막 3차 오디션에서는 배우가 지닌 매력에 집중해요. 가령 배우가 매력적인 음색을 가진 반면 조금 부족한 음역으로 배역의 곡을 100% 표현하기 어렵다고 판단할 수 있어요. 그럴 때는 '그럼에도 본인이 배역을 잘 소화해 낼 수 있을지', '부족한 음역을 어떻게 보완할 것인지' 등에 대한 의견을 배우와 심사위원이 주고받아요. 오디션은 무대를 책임질 수 있는 실력과 작품 속 인물을 표현하는 매력을 동시에 지녔는지를 확인하는 시간인 거죠.

캐스팅의 개념을 넘어서 오디션이 작품 자체에 큰 영향을 미치겠네요.

맞아요. 오디션을 마친 후 작품에 대한 생각이 바뀌는 경우도 있어요. 더 나아가 곡에 변화를 줄 때도 있고요. 작품 속 배역마다 음역과 음색을 정한 후에 곡 작업을 진행하는데요. 이를 뛰어넘을 정도의 매력을 가진 배우를 오디션에서 만나면 그에게 맞추기도 해요. 곡을 배우에 맞게 수정하는 거죠. 왜냐하면 뮤지컬 음악은 아리아[11]니까요. 아무리 좋은 곡도 불리지 않으면 반쪽짜리인 셈이에요. 나머지 반은 배우가 노래를 부를 때에 비로소 온전히 채워지는 거죠.

배우는 관객들의 반응을 무대에서 직접 확인할 수 있는 반면 음악감독은 관객을 등지고 있기 때문에 쉽게 느끼지 못할 것 같은데요. 관객의 격려나 응원을 전달받은 경험이 있는지도 궁금하네요.

일주일에 한두 번씩 제 공연을 찾아주시는 일본인 관객분이 있어요. 하루는 노모老母를 모시고 오셨더라고요. 거동도 쉽지 않았을 텐데 어머니와 함께 관람하고 싶었던 그분의 마음을 헤아리게 됐죠. 뮤지컬이 우리의 삶과 밀접하게 연관되어 있음을 다시 한번 깨닫기도 했고요. 이런 경험이 곡을 쓰고 작품을 준비할 때 마음을 가다듬고 집중하는 데 큰 힘이 돼요.

---

[11] 아리아(Aria): 기악 반주에 맞춰 부르는 선율적인 독창 혹은 이중창을 말한다. 오페라, 오라토리오, 칸타타에서 사용한다.

오랜 기간 음악감독을 업으로 삼으면서 생긴 습관도 있나요?

    메모하는 습관이 생겼어요. 소품의 위치, 독특한 조명의 활용, 두드러지는 타악기 소리 등 공연이나 영화를 감상하면서 인상적으로 다가온 요소와 느낀 감정을 기록해요. 이런 기록이 작품에 도움이 되기도 하죠. 책이라는 소품을 예로 들어볼게요. 책을 꺼낼 때, 책장을 넘길 때, 책을 떨어트릴 때 등 책 하나에서 나는 소리도 이처럼 다양하거든요. 작품 속 상황에 어울리는 소리와 아이디어를 기록한 메모에서 얻는 거예요.

    작품 속에서 느낀 다양한 감정도 기록해요. 추상적인 표현은 되도록 피하고 구체적으로 남기죠. 제가 느낀 감동을 관객들에게 있는 그대로 전달하고 싶거든요. 작품을 관람할 때의 감정을 다시 느끼고 싶어 한 번 더 극장에 가기도 하고요(웃음).

이번에는 뮤지컬 산업 전반으로 주제를 옮겨보겠습니다. 국내 뮤지컬 산업이 지금과 같은 규모로 성장할 수 있었던 원동력이 무엇이라고 생각하나요?

    2014년에 선보인 창작 뮤지컬 <프랑켄슈타인>을 준비할 때만 해도 투자를 받는 일부터 캐스팅까지 어려움이 많았어요. 당시 국내 뮤지컬 시장은 라이선스 작품이 주를 이루었기에 창작 뮤지컬은 생소한 장르였거든요. 상업적인 관점에서 <프랑켄슈타인>이라는 뮤지컬은 이미 해외에서 큰 성공을 거둔 라이선스 뮤지컬에 비해 상대적으로 큰 변수가 있었기에 부정적인 시선을 받은 것 같아요. 지금은 다행히도 창작 뮤지컬에도 많은 기회가 주어지고 있어요. 관객들의 편견 없는 시선과 끊임없는 관심이 없었다면 지금처럼 한국 뮤지컬 시장이 큰 성장을 이루어 다양한 작품을 선보이는 건 불가능했을 거예요.

국내와 해외 뮤지컬 시장을 비교한다면 관객수, 작품의 다양성, 문화 인프라 측면에서 많은 차이가 있을 것 같은데요. 이와 같은 차이를 직접 경험한 적이 있을까요?

영국에서 유학 중이던 2007년에 뮤지컬 <조로>의 준비 과정을 지켜볼 수 있었어요. 공연 시간이 두 시간도 남지 않았는데 곡을 수정하고 악보를 인쇄하는 모습이 국내 제작 현황과 매우 흡사하더라고요. 유학 전에는 막이 오르기 직전까지 분주하게 움직이는 모습을 보면서 '국내 인프라 부족이 문제일까?', '해외의 상황은 다르겠지?'라는 생각을 갖고 있었는데요. 실제로 경험해 보니 해외도 우리와 크게 다르지 않더라고요(웃음).

물론 역사와 제작 규모 등에서의 차이는 분명히 존재하

죠. 대표적인 예가 국내에서는 음악감독이 다수의 업무를 담당한다는 건데요. <삼총사>, <잭 더 리퍼>를 준비할 때는 저 혼자 작곡부터 지휘, 배우 노래 연습, 오케스트라 연습까지 많은 부분을 담당해야 했어요. 현재는 보컬 코치, 오케스트레이션, 사운드 엔지니어[12], 디지털 음악 프로그래머, 코디네이터, 리허설 피아니스트 등 다양한 분야가 생겼어요. 해외 뮤지컬 시장은 이보다 더욱 세분하되어 있지만 국내 뮤지컬 시스템도 현재 올바른 방향으로 성장하고 있다고 봐요. 앞으로 더 다양한 분야가 생기고 분야별로 전문성이 강화될 것으로 기대하고 있어요.

뮤지컬 음악감독으로서 갖춰야 할 가장 중요한 전문성은 무엇일까요?

제가 중점을 두는 부분은 경청과 소통이에요. 경청하지 않으면 소통할 수 없기에 사실 둘은 하나라고 봐도 무관한데요. 일방적인 주장은 언제나 오류를 일으킨다고 생각해요. 설사 상대방의 의견이 틀렸을지라도 귀 기울일

---

[12] 사운드 엔지니어(Sound Engineer): 음향과 관련된 제작장비의 시스템을 구성하여 작품이나 공연 제작의도에 맞게 음향시스템을 설치하고 조율하는 기술자를 뜻한다.

수 있어야 하죠. 음악감독이 본인의 생각만 옳다고 주장한다면 비슷한 스타일의 음악만 추구하게 되어 다양성을 잃고 결국 도태될 거예요. 그래서 저희 팀은 곡과 공연에 대해 소통하는 시간을 가져요. 음악을 미리 듣고 온 팀원들에게 '이 곡을 들으니 작품 속 한 장면이 떠올라서 좋아요.' 같은 긍정적인 이야기부터 '이 음악은 감독님의 이전 음악과 비슷해요. 바꿔야겠어요.' 같은 따끔한 피드백을 듣기도 하죠. 팀원들이 가감 없이 자유롭게 주는 의견들이 작품을 준비하는 데 큰 도움이 돼요.

팀에 대해 얘기해 주셨는데요. 어떻게 구성되어 있나요?

저희 팀은 보컬 코치와 오케스트레이션, 디지털 음악 프로그래머, 코디네이터, 리허설 피아니스트로 구성되어 있어요. 먼저 보컬 코치는 대부분의 내용을 노래로 표현하는 뮤지컬 장르 특성상 음악 팀에서 가장 중요한 파트예요. 배우가 건강한 발성법으로 노래하며 원하는 표현을 공연 끝까지 해낼 수 있도록 도와요.

오케스트레이션은 오케스트라가 연주하는 모든 악보를 총괄하는 역할이에요. 작곡된 곡을 바탕으로 오케스트라 파트별 악보를 작성하고 편곡을 진행하죠. 오케스트레이션의 손을 거쳐야 오케스트라가 악보대로 연주할 수 있어요.

디지털 음악 프로그래머는 어쿠스틱 악기들이 표현 못 하는 전자음이나 미리 녹음해 둔 소스를 오케스트라 연주와 혼합해 곡 표현을 더욱 풍성하게 만들어주는 역할이에요. 요즘 제가 관심을 갖고 지켜보는 파트이기도 해요.

코디네이터는 보통 슈퍼바이저라고도 표현하는데요. 공연의 전체적인 그림을 그리고 관리하는 일을 하죠. 제가 놓칠 수 있는 부분을 짚어주거나 서로의 생각을 공유하며 함께 아이디어를 찾기도 해요.

마지막으로 리허설 피아니스트는 오케스트라의 빈자리를 채워주고 배우들과 함께 호흡하는 중요한 역할을 해요. 매 연습과 리허설마다 오케스트라가 함께할 수는 없거든요.

음악감독은 작품의 음악을 총괄하는 역할이다 보니 다양한 공연예술 분야 종사자와도 자주 만남을 가질 것 같아요.

뮤지컬과 관련된 제작사와 제작진, 배우, 오케스트라 등을 만나기도 벅차요. 그래서 다른 분야에 종사하는 분들을 만나는 경우는 극히 드물어요. 제가 사교성이 엄청 좋

다가나 에너지가 넘치는 편도 아니라서요(웃음). 아직도 음악 연습 첫날은 심장이 두근거릴 정도예요. 하지만 직업 특성상 직접 만나야 해결되는 부분이 많아서 작품을 위해 새로운 만남을 가지기도 하죠. 새로운 만남이 때로는 어려움으로 다가오지만 서로의 생각을 공유하며 작품을 구상하는 일은 항상 즐거운 것 같아요.

<햄릿>, <모차르트>, <삼총사>, <프랑켄슈타인>, <벤허> 등의 작품에서 다양한 곡 작업을 진행해 왔죠. 많은 작품 중에서 유독 애착이 가는 곡이 있나요?

<벤허>의 '텔고[13]'라는 곡이 떠오르네요. 텔고는 관객들에게도 큰 사랑을 받은 곡이에요. 하지만 처음에는 곡 제목도 없이 그저 '2막 첫 곡'으로 불렸어요. 안무감독님과 이야기를 나누다가 2막이 시작될 때 배우들이 날아다니듯 춤추는 장면이 있으면 좋겠다는 아이디어가 나왔어요. 안무에 맞춰 곡의 길이를 조절하며 곡을 완성했죠. '이 무대는 음악과 안무가 함께함으로써 완성된다.'라고 생각했기에 안무감독님께 곡 제목을 지어달라고 부탁했고 텔고라는 멋진 이름이 붙여졌어요.

---

13 텔고(θέλγω): 매혹하다, 마법을 걸다, 황홀하게 하다 등의 의미를 가진 고대 그리스어를 뜻한다.

곡 제목처럼 세밀한 부분까지 협업이 이루어지는군요. 이외에도 기억에 남는 작업이 있나요?

<비밀의 화원>이라는 작품에서는 각 인물과 인물의 성격을 대변할 수 있는 악기를 떠올리며 음악을 만들었어요. 예민한 성격의 인물은 고음역을 가진 바이올린으로, 감수성이 풍부한 인물은 음역이 넓은 피아노로, 성숙하고 성실한 인물은 저음역을 가진 첼로로 표현했죠. 누군가는 사소하다고 생각할 수 있는 곳에서부터 작품의 기반을 다졌어요. 직접적인 설명이 없더라도 음악을 통해 관객들이 작품을 더 깊게 이해하길 바랐죠. 나아가 감동까지 느낄 수 있도록요. 활짝 핀 꽃이 가득한 화원을 보여주는 장면에서는 관객이 마치 실제 화원에 들어온 듯한 경험을 할 수 있도록 극장 안에 향기를 뿌린 이유도 이와 같아요.

덧붙인다면 관객이 받는 감동은 오로지 무대를 통해서만 전달된다고 생각하진 않아요. 포토존에서 작품과 관련된 소품을 관객들이 직접 만져보며 사진을 찍는 경험에서도 감동을 느낄 수 있거든요. 결국 관객이 극장에 입장해서 퇴장할 때까지의 모든 요소에 대한 섬세한 고민과 실행이 뒷받침될 때 작품의 감동이 온전히 전해지는 거예요.

많은 정성과 노력을 들인 작품이 관객에게 온전히 전달되는 것이 뮤지컬계에 종사하는 모든 이의 바람일 텐데요. 그렇다면 관객은 작품을 감상하기 전에 어떤 준비를 하면 좋을까요?

작품 정보를 파악하면 좋아요. 저도 예전에는 사전 정보 없이 오로지 작품 자체로만 공연을 즐기겠다고 다짐하고 극장에 갔어요. 그런데 정작 정보가 부족하니 작품을 온전히 즐길 수 없더라고요(웃음). 티켓을 예매할 때 상세 페이지를 확인하면 작품이 관객에게 전달하고 싶은 메시지를 확인할 수 있어요. 역사적 배경과 인물, 스토리를 한번 살펴본다면 뮤지컬을 더욱 풍성하게 즐길 수 있을 거예요.

관람 당일 좋은 컨디션을 유지하는 것도 중요해요. 시간에 쫓겨 도착하는 것보다 극장에 여유롭게 와서 비치된 팸플릿도 읽고 극장의 분위기도 느끼면서 작품을 감상하기 위한 마음을 여는 거죠. 이렇게 한다면 그날의 작품이 더욱 특별한 추억으로 남을 거예요.

음악감독을 꿈꾸는 분들을 위한 도서를 추천해 준다면요.

꽤 오래전에 구입한 책인데 지금도 종종 읽는 히사이시 조 Hisaishi Joe의 『감동을 만들 수 있습니까』라는 책을 추천하고 싶어요. 제목 그대로 음악으로 어떻게 감동을 만들고 전달할 수 있을지, 어떤 태도를 갖고 음악을 다뤄야 하는지 같은 내용이 담겨있어요. 음악을 하는 이들이라면 한 번쯤 생각해 봤을 고민들이죠.

요즘 읽고 있는 김태희 선생님의 『전략적 가사 쓰기』라는 책도 추천해요. 이 책은 작사가가 어떤 식으로 생각하고 어떻게 곡을 받아들이며 어떤 과정으로 곡에 가사를 붙이는지 말해주는데요. 작사가의 마음을 이해함으로써 작사뿐만 아니라 작곡, 편곡 그리고 노래와 연주로 곡을 표현하는 데도 도움이 될 거예요.

뮤지컬 음악감독이라는 직업이 앞으로 국내에서 어떤 모습으로 발전해 나갈 것으로 생각하나요?

지휘자로서의 역할이 강화될 것으로 예상해요. 현재는 편곡도 하고 리허설 피아니스트도 하고 오케스트레이션, 보컬 코치를 겸하고 있지만요. 결국 작품의 완성도를 높이려면 음악감독이 병행하고 있는 역할들이 세분화되어 각 전문가에게 분배될 필요가 있어요. 그렇게 됐을 때 음악감독과 각 역할을 담당하는 모두의 전문성도 더 깊어지겠죠. 작품을 해석하는 관점이 다양해지는 만큼 작품에 적용할 수 있는 새로운 요소도 생겨날 수 있고요.

자연스럽게 작품의 완성도가 더해질 거라 생각해요.

마지막으로 미래의 뮤지컬 음악감독들에게 응원과 조언 부탁드려요.

처음 뮤지컬 음악을 하겠다고 마음먹었을 때는 그저 막연하게 뮤지컬이 하고 싶었을 뿐이지 뮤지컬 장르 안에서 내가 어떤 음악을 해야겠다는 확고한 목표는 없었어요. 학창 시절 배운 기타와 피아노를 비롯해 다양한 악기와 여러 장르의 음악을 경험했고 이를 바탕으로 공연장 스태프 등 현장 경험을 하며 구체적인 계획을 세울 수 있었죠. 그렇기 때문에 우선 본인이 좋아하는 음악에 집중하면서 관련한 다양한 경험을 쌓길 바라요. 음악감독에만 초점을 두지 말고 어떤 역할이든 맡아 현장을 경험하면 좋겠어요. 그러면 오디션 반주, 편곡, 오케스트레이션, 조감독을 할 수 있는 기회가 주어질 거예요. 이런 경험이 본인을 목표까지 향하게 하는 원동력이 될 것이고 언젠가 목표에 닿았을 때 본인의 가치도 높게 평가될 거예요.

PERSON 05

뮤지컬 음악감독은 실력으로 이야기한다

김길려

PERSON 05
김길려

자기소개 부탁드려요.

뮤지컬 음악감독 김길려입니다. <오페라의 유령> 초연 피아니스트로 뮤지컬계에 입문했어요. 2011년 <맘마미아>를 시작으로 <러브레터>, <팬레터>, <판>, <다윈 영의 악의 기원>, <작은 아씨들>, <지붕위의 바이올린> 등의 작품에서 음악감독을 맡았고, 어린이 창작 뮤지컬 제작회사 '숲 아트'를 운영하고 있어요. 서울시뮤지컬단에서 상주 음악감독으로 재직하기도 했습니다.

보통 음악감독이라는 직업은 조직에 소속되지 않고 자유 계약 형태인 것으로 알고 있는데요. 어떻게 상주 음악감독을 하게 되었는지 궁금해요.

당시 서울시뮤지컬단 단장님의 제안으로 공채에 지원했어요. 오래전 단장님이 연출하셨던 작품에 참여하면서 인연이 닿았는데요. 제안하신 이유는 단장님이 알려주시지 않아 정확히 알지 못해요(웃음). 그동안 작품 활동을 해온 모습을 지켜보시면서 다양한 연령과 경력의 배우들로 이루어진 서울시뮤지컬단과 어우러질 수 있을 것이라고 생각하신 게 아닐까 싶어요.

작품에 참여하고 있는 상황에서 지원했는데 준비하는 과정이 부담스럽지는 않았나요?

아무래도 조금 부담스러웠죠. 준비할 서류의 양도 많은 편이었고 면접도 3차까지 진행됐거든요. 실기가 중심인 분야이다 보니 오랜 시간동안 준비가 필요한 필기 시험이 포함되지 않은 점을 다행으로 생각했어요(웃음).

조직에 속해 음악감독을 한다는 것은 이전에 경험하지 못한 특별한 일일 텐데요. 감독님에게 어떤 경험으로 남았는지 궁금해요. 당시의 근무 모습도 덧붙여 주시면 좋을 듯해요.

정해진 시간에 출근하고 퇴근하는 삶을 살았죠(웃음). 연차가 주어져 휴가를 다녀오기도 하고요. 공연을 하지 않을 때는 주로 배우들에게 음악을 가르쳤어요. 근무지는 세종문화회관이었는데요. 이 년 동안 매일 출근하니 소속감도 느끼게 됐고, 단원들과는 외부 음악감독으로 함께 작품을 할 때보다 더 돈독한 관계를 형성할 수 있었죠. 이야기하신 것처럼 음악감독은 조직에 소속되어 규칙적인 직장 생활을 하는 직업이 아니다 보니 이런 경험을 할 수 있는 기회가 흔치 않아요. 정말 좋은 경험을 했다고 생각해요.

또한 감사했어요. 입사 당시에는 코로나 확산으로 공연

을 할 수 없는 힘든 시기였는데 일할 수 있는 기회를 얻었고, 퇴사할 즈음에는 코로나 종식으로 뮤지컬 산업이 활성화되면서 다시 공연에 집중할 수 있게 되었거든요. 퇴사 후 단원들과 함께한 <다시, 봄> 재연을 성공적으로 마치면서 재직 당시의 보람을 다시 느끼기도 했고요.

<다시, 봄>의 제작 방식은 기존의 뮤지컬 제작 방식과 다르다고 들었어요.

맞아요. 수연 배우들의 실제 이야기를 토대로 대본을 구성해 극을 만들었어요. 이런 방식을 '디바이징 시어터[14]'라고 해요. 뮤지컬 장르에서 보편적으로 제작하는 방식은 아니에요. 게다가 서울시뮤지컬단에서 처음 시도하는 형식이어서 잘 만들 수 있을지 걱정하기도 했는데요. 한편으로는 관객의 반응이 기대되더라고요. 오십 대 여배우 일곱 분의 실제 이야기를 담았기 때문에 배우분들과 비슷한 연배를 가진 분들이 공연장을 찾을 것이라고 생각했거든요. 실제로 그러했고 관객분들이 공감을 넘어 자신의 이야기라고 받아들였어요. 흥행도 잘 됐고요. 그동안 중년 관객을 위한 공연이 많지 않아서 그 연령대

---

14 디바이징 시어터(Devising Theatre): 공연 참여자들이 극 구성에 적극 개입하는 공동창작 방식을 의미한다.

분들이 공연예술에 대한 갈증을 갖고 있었던 것으로 알고 있는데요. <다시, 봄>이 그 갈증을 해소하는 데 큰 역할을 했다고 생각해요.

<다시, 봄> 제작 기간 동안 음악감독으로서 어려운 점은 없었나요? 이를테면 본인보다 높은 연배와 경력을 가진 주연 배우를 지도할 때 느낄 수 있는 부담감 같은 것들이요.

배우분들의 나이보다는 평균 삼십 년 이상 연기를 해온 소위 내공을 가진 분들을 지도한다는 것에 부담감을 느낄 때가 있었는데요. 항상 진심을 담아 열심히 지도했더니 특별히 문제가 되지는 않았어요. 배우분들도 그런 제 모습을 보시고 더 열심히 해 주셨고요.

<다시, 봄>은 서울시뮤지컬단에서 직접 개발한 작품으로 알고 있는데요. 감독님은 어떤 단계부터 참여했는지 궁금해요.

공연 기획이 끝난 후 음악 작업이 필요한 단계부터 참여했어요. 작사가 완료된 곡들로 배우분들과 함께 연습하면서 곡을 다듬고 편곡하는 작업을 했죠.

작품 제안은 보통 어떤 경로로 받게 되나요? 작품을 선택하는 기준도 궁금해요.

우선 작품 제안 경로부터 이야기하면 예전에 작품을 함

께했던 연출가님이 제안하는 경우가 있어요. '이번에 이런 작품을 시작하는데 일정이 된다면 같이하면 좋겠다.'라고 하면서요. 작품을 같이 했던 팀과 자연스럽게 다음 작품을 이어서 하는 경우도 있죠. 제작사에서 직접 제안하기도 하고요.

작품을 선택할 때는 제 일정과 공연 일정을 맞춰봐요. 작품들의 공연 일정이 겹쳐 하나를 포기해야 하는 경우에는 흥행 가능성을 고려하기도 하죠. 관객 유입을 위한 과도한 소재와 설정을 지닌 작품은 가급적 지양하려고 해요. 내용적으로 어두운 분위기의 작품보다 저와 관객에게 따뜻한 메시지를 주는 작품을 선호합니다.

따뜻한 메시지를 지닌 작품을 선호하는 이유가 있을 것 같은데요.

공연할 때는 공연에 흠뻑 빠질 정도로 집중해요. 그러다 보니 자연스레 공연의 분위기가 제 건강이나 기분에 영향을 미치더라고요. 특히 뮤지컬은 라이브 형태로 진행되기 때문에 사람을 죽이는 장면이 포함된 공연을 한다면 회마다 눈앞에서 그 장면을 볼 수밖에 없는데요. 실제로 제 상태가 공연의 어두운 분위기를 그대로 따라갔어요. 작품마다 공연 기간도 길고, 한 가지 산업에서 오랜 시간 일하면서 쌓인 부정적인 감정들도 영향을 미친 듯해요. 팬데믹의 영향도 무시 못 하고요.

공연할 때마다 상당한 에너지가 소모될 듯해요. 어떤 방법으로 소모된 에너지를 충전하는지 궁금합니다.

정말 음악이 좋아서 이 일을 시작했는데도 불구하고 이야기하신 것처럼 에너지 소모로 지칠 때가 있어요. 소모된 에너지를 채워주는 건 결국 음악이더라고요. 음악 중에서도 현재는 피아노 연습을 하면서 충전하고 있어요. 공연에서 피아노 연주를 계속하기 때문에 도움도 되고요. 시간이 흐를수록 둔감해질 수 있는 연주 감각을 깨우기도 해요.

평균 연습량이 어느 정도 되나요?

보통 시간 여유가 생길 때 세 시간 정도 집중해서 연습하는 편이에요. 정말 시간이 없는데 연습이 필요할 때는 새벽에 하기도 해요. 연습을 제대로 하려면 매일 정해놓은 시간에 맞춰서 해야 하는데 바쁘다 보니 그렇게 안 되더라고요(웃음).

뮤지컬을 시작하기까지의 과정도 궁금한데요. 음악은 언제부터 시작했나요?

음악은 고등학생 때 피아노로 시작했어요. 좋아하는 피아노를 통해 정말 '음악'이 하고 싶어 시작했지만 대학입시에만 몰두하는 현실에 답답함을 느꼈어요. 어느 날 학교에서 청음 검사를 받았는데 좋은 점수를 받았고 작곡을 공부해 보면 어떻겠냐는 선생님의 권유가 계기가 되어 클래식 작곡으로 진로를 변경했어요. 다행히 제 적성과도 잘 맞아 클래식 작곡으로 대학에 진학했죠. 부전공으로 피아노를 하면서 피아노 공부도 계속했고요.

이후 학교를 다니면서 생활비를 마련하기 위해 피아노 레슨부터 반주까지 다양한 아르바이트를 했어요. 그때 다양한 클래식 음악을 연주하면서 학교에서 배우지 못한 클래식 음악들을 자연스레 습득했죠. 신기하게도 연주를 하면 할수록 피아노를 제대로 공부하고 싶은 욕구가 점점 커졌어요. 결국 제대로 피아노 공부를 하려면 독일에 가야 한다는 선배들의 조언을 듣고 독일 유학을 결심했죠.

독일 유학을 가기 위한 준비 과정과 독일 유학 시절 이야기도
조금 더 상세하게 들려주세요.

프랑크푸르트 국립음대를 목표로 시험을 쳤는데 불합격
했어요(웃음). 학교를 다니면서 아르바이트도 하느라 제
대로 준비하지 못했거든요. 차선으로 프랑크푸르트에
있는 음악 아카데미에 입학했죠. 입학한 후에는 '나만의
연주법을 찾겠다!'라는 생각으로 연습에만 몰두했어요.
낯선 나라라는 고립된 환경 속에서 하루에 여덟 시간씩,
대학입시를 준비했을 때보다 더 열심히 연습했죠. 육체
적으로 무척 힘들었지만 그만큼 재미도 느꼈어요. 그렇
게 국립음대에 입학할 수 있는 실력을 만들었는데 유학
비용을 모두 소진해서 국내로 돌아올 수밖에 없었어요.
유학 비용을 마련하려고 아르바이트를 시작했는데 다시
독일에 갈 수 없었죠.

간절했던 프랑크푸르트 국립음대 입학을 포기하게 된 계기가
있었나요?

반주자로 뮤지컬 일을 시작한 덕분이죠(웃음). 당시 <오
페라의 유령> 제작사에서 대대적으로 배우 오디션을 홍
보했어요. 오디션에 참가하기 위해 전국에서 노래 잘하
는 사람들이 천 명 이상 몰렸고 상대적으로 반주자가 턱
없이 모자란 상황이 됐는데요. 학교 선배의 추천으로 제

가 반주를 하게 된 거죠. 성악 전공자가 노래를 잘하려면 초견[15]이 좋은 반주자가 필요한데 제가 초견이 좋았거든요(웃음).

일한 지 얼마 지나지 않아 오디션 심사위원이었던 박칼린 감독님에게 공연 반주자 제안을 받았어요. 감독님이 준비하던 <키스 미, 케이트> 공연의 수석 피아니스트 자리가 갑자기 공석이 되어 급하게 연주자가 필요했는데 제가 적합하다고 생각하셨던 것 같아요. <겜블러>라는 박칼린 감독님의 다음 작품과 <오페라의 유령> 초연 공연까지 이어서 피아니스트를 맡게 되면서 자연스레 유학을 포기하게 됐죠.

당시에도 세계적으로 유명했던 <오페라의 유령> 초연의 수석 피아니스트로 선발되었다는 건 감독님에게 큰 의미가 있었을 듯해요. 첫 공연의 준비 과정이 듣고 싶어요.

첫 공연을 앞두고 육 주 동안 연습 기간을 가졌어요. 내한한 오리지널 창작진의 일정에 맞춰 높은 강도로 연습했죠. 다시 학교에 다니는 기분이 들었어요. 해외 음악감

---

15 초견(初見, Sight-Reading): 악보를 보고 처음부터 바로 부르거나 연주할 수 있는 능력을 의미한다.

독님에게 세심한 지도를 받았거든요. 그분에게 뮤지컬이라는 장르에서 클래식 음악으로 이야기를 표현할 수 있는 섬세한 방법에 대해 배웠어요. 클래식 음악만 공부했을 때는 경험하지 못한, 음악이 다른 요소와 결합됐을 때 발휘하는 힘을 느낀 순간이었죠.

이처럼 공연 피아니스트로서 활동하다가 조감독이 된 건가요?

당시 조감독이라는 명확한 직함을 갖고 있었던 건 아니에요. 돌이켜보니 제가 맡은 일이 조감독의 역할이었던 거예요. <오페라의 유령> 공연 이전에는 반주자로서 오디션 또는 공연 중 한 분야에서만 반주를 했다면, 이후에는 오디션부터 공연까지 한 작품의 모든 반주를 담당하게 된 거죠.

음악감독이 되겠다고 마음먹은 계기가 있었는지도 궁금해요.

음악감독을 하게 된 것도 특별한 계기가 있었던 건 아니에요(웃음). 2011년 <맘마미아> 공연 당시 일 년 동안 전국 투어를 진행하는데, 그때 상황상 제가 현장에서 음악감독 역할을 수행해야 했거든요. 현장의 필요에 의해 자연스럽게 조감독 역할을 하게 된 것처럼 음악감독도 그렇게 하게 된 거죠.

직업적으로 성장하기 위해서는 보통 목표를 설정한 뒤 계획을 실행에 옮기는데요. 감독님은 주어진 환경에서 최선을 다하는 것으로 직업적 성취를 이루었네요.

사람마다 노력하는 방법과 성장 과정은 다를 수 있죠. 분명한 건 직업적으로 어떤 위치에 있든지 그곳에서 해내야 되는 일은 최선을 다해서 했어요. 반주자일 때도, 조감독 역할을 했을 때도, 음악감독 일을 하고 있는 지금까지도요. 작품과 환경에 상관없이 말이죠.

이번에는 장르에 대한 이야기를 나눠 볼게요. <오페라의 유령>을 통해 클래식 장르로 뮤지컬계에 입문한 이후 연주하게 된 다른 장르는 무엇이었나요?

스윙 재즈예요. 작품 참여가 결정되고 당장 밴드와 합주를 하게 됐는데 너무 막막했어요. 평소에 즐겨 듣던 장르가 아닌 데다가 밴드와의 합주도 처음이었거든요. 악보를 보며 연주하는데 제 연주 소리가 계속 겉도는 거예요. 재즈의 리듬감에 익숙하지 않다 보니 밴드 연주와 어우러지지 못했어요. 큰 충격을 받았죠. 밴드 멤버들도 저를 이해하지 못했어요. 본인들이 어려워하는 악보를 보며 클래식 음악을 연주하는 제가 재즈 연주는 잘 못하니까요. '어떻게 그렇게 못할 수가 있냐?'라고 하더라고요(웃음). 결국 선배들에게 재즈를 배워 열심히 연습했죠(웃음).

클래식을 전공한 입장에서 재즈라는 새로운 장르를 익히기가 쉽지 않았을 텐데요. 어떤 방법으로 연습했나요?

작품의 음악을 듣고 똑같이 연주할 수 있을 때까지 계속 연습했어요. 공연 시작까지 삼 주밖에 남지 않았었는데요. 그 시간 안에 작품을 소화할 정도의 실력을 만들기 위해 오리지널 공연의 음악을 계속 들으면서 똑같이 연주할 수 있을 때까지 세 방에서 나오지 않았어요. 울며불며 연습한 결과 다행히 무대에서 연주할 수 있었죠(웃음).

그 경험이 계기가 되어 재즈를 무척 열심히 배웠어요. 일 년 동안 재즈 피아노 레슨을 받으며 기본을 닦았고 이 년 정도 꾸준히 연습했죠. 현장 경험이 실력을 향상시키는 데 큰 도움이 됐어요. 배운 후에 바로 공연에서 연주했거든요. 삼 년 동안 연습과 공연을 병행하느라 고생했지만 그 시간을 겪고 나서 제 몸이 다른 장르를 익힐 수 있는 편안한 상태가 됐음을 느꼈어요.

그런 지난한 과정들을 겪으면서 뮤지컬이라는 장르에 대한 애정도 한층 더 깊어졌겠네요.

좋아하지 않았다면 아마 도망갔을 거예요(웃음). 클래식 장르에서 접할 수 없었던 뮤지컬 음악이 주는 느낌이 무척 매력적이었어요. 다른 장르의 음악을 흡수하는 과정도 정말 재밌었고요.

감독님의 이야기를 들어보니 공연 피아니스트로 뮤지컬계에 입문하려면 클래식 음악과 실용음악 모두 연주할 수 있는 실력이 필요하다는 생각이 들어요.

맞아요. 작품을 예로 설명한다면 <오페라의 유령>에 참여하기 위해서는 클래식 음악을, <시카고>에 참여하기 위해서는 재즈, 즉 실용음악을 연주할 수 있어야 돼요. 한 가지 장르만 연주한다면 작품에 참여할 수 있는 기회가 그만큼 한정적일 수밖에 없겠죠. 조감독을 지망하고 있다면 더더욱 두 가지 장르를 아우를 수 있는 실력을 갖춰야 해요. 음악감독을 도와 함께 공연을 진행해야 하니까요. 경험상 클래식 음악에서 실용음악으로의 전환이 뮤지컬 음악을 하기에 유리하다고 생각해요. 클래식 음악 악보와 실용음악 코드 모두 볼 수 있으니까요.

실용음악 안에도 다양한 장르가 있죠. 클래식 음악을 전공한 이들이 실용음악으로 전환할 경우 어떤 장르부터 배우면 좋을까요?

전문성을 필요로 하는 전통 재즈보다는 우선 스윙부터 익히길 바라요. 뮤지컬 장르에서 연주할 수 있는 실력이 될 정도로요. 더불어 여러 장르의 음악을 많이 들으면 좋겠어요. 음악을 듣고 청음이 가능하다면 악보에 음을 옮겨 써보면서 똑같이 연주할 수 있을 때까지 연습도 해보고요. 이런 식으로 '음아의 영역'을 넓혀가는 것이 중요해요.

클래식 음악과 실용음악 중 어떤 전공을 했는지에 따라 음악감독이 될 수 있는 방법도 달라질까요?

실용음악 전공자들은 대중음악 또는 방송 관련 일을 하다가 뮤지컬로 전향하는 경우가 많아요. 전공 외의 음악을 배우기보다는 본인의 음악 작업을 하면서 대중음악 기반의 주크박스 뮤지컬[16]에 참여하기도 하고요. 다양한 공연 경험을 바탕으로 자연스럽게 작은 규모의 뮤지컬 작품부터 시작하는 경우도 있죠.

---

16 주크박스 뮤지컬(Jukebox Musical): 예전의 인기 대중음악을 가져와 무대용 콘텐츠로 재가공한 뮤지컬을 말한다.

반면 클래식 전공자들에게는 위와 같은 기회가 없어요. 뮤지컬계에 종사하는 누군가를 통하지 않으면 입문하기가 쉽지 않아요. 요즘은 반주자 오디션도 거의 개최하지 않고요.

현재는 뮤지컬계 전반적으로 반주자 오디션을 진행하지 않는 편인가요?

제가 오디션 반주자로 참여했던 <오페라의 유령> 초연처럼 대대적으로 진행하지는 않아요. 필요한 경우 음악감독이 개인적으로 진행하죠. 실력 검증이 필요한 이들에 한해서요. 이 경우도 지인을 통한 소개가 많아요.

이번에는 음악감독이 하는 일에 대해 이야기해 볼게요. 무대에서 음악감독과 함께하는 오케스트라 인원은 어떤 식으로 구성하나요?

작품을 할 때마다 함께하는 메인 연주자들이 있어요. 작품에 따라 필요 인원을 충원하고 있죠. 메인 연주자들의 경우 실력이 출중해서 그들을 찾는 곳이 많다 보니 한 작품의 모든 공연을 담당하지는 않아요. 본인을 대신해 일부 공연을 연주해 줄 서브 연주자를 동반하죠. 물론 서브 연주자도 공연 완성도를 유지할 수 있는 실력을 가진 이로 구성하고요. 이렇게 할 수 있는 이유는 저와 오케스트라 사이에 신뢰가 쌓였기 때문이에요. 저도 연주자들의 실력을 인정하고 연주자들도 제 실력을 인정하기에 가능한 거죠. 서로의 실력을 신뢰할 수 있을 만큼 오랜 시간 공연을 함께 하기도 했고요.

오케스트라 입장에서 음악감독을 신뢰할 수 있는 궁극적인 이유는 무엇이라고 생각하나요?

음악감독이 가진 능력 때문이라고 생각해요. 연주자가 음악감독과 힘께 작품을 해보면 음악감독의 지휘 능력과 음악 지식이 어느 정도인지 알게 되거든요. 음악감독이 클래식 장르를 공부했는지, 지휘를 제대로 하는지 현장에서 검증되는 거죠.

배우 오디션을 진행할 때 배우들의 실력을 기본적으로 살펴볼 텐데요. 실력 외에 주의 깊게 보는 점도 있는지 궁금해요.

성실함을 우선순위에 둬요. 어떤 상황에서도 배우가 성실하게 공연 준비를 해올 수 있는지 보는 거예요. 배우들도 많이 바쁘거든요. 한 작품만 하는 게 아니니까요. 작품을 대하는 태도도 보고요. 실력이 조금 부족하더라도 진지하게 임하면 한 번 더 보게 되더라고요. 맡게 될 배역과 잘 맞는지도 봐요. 뛰어난 실력을 갖고 있지만 작품 속 역할에 부합하지 않으면 선발하지 못할 때도 있거든요. 작품마다 각 배우에게 적합한 역할이 있는 거죠.

음악감독과 오케스트라 사이의 신뢰가 작품에 긍정적인 영향을 미치는 것처럼 음악감독과 배우 사이의 신뢰도 중요할 텐데요. 배우들과는 어떻게 신뢰를 형성하는지 궁금해요.

우선 저부터 배우들에게 음악적으로 신뢰감을 주려고 노력해요. 음악감독이라면 최우선으로 음악 실력을 가지고 있어야죠. 저보다 경력이 많은 배우일지라도 제가 음악감독으로서 제대로 된 실력을 보여주면 신뢰하더라고요. 사실 배우들도 작품을 시작하는 단계에서 음악감독의 실력이 어느 정도인지 궁금해해요. 배우 입장에서는 배우와 작품을 모두 이끌어 갈 수 있는 실력 있는 음악감독과 함께하고 싶으니까요. 그래서 작품을 하는 동안 실력 발휘가 필요할 때 망설임 없이 보여줘요. 명확한 이론에 근거해 방향성을 제시하고 흐트러짐 없이 정확하게 지휘하죠. 배우들에게 피아노 연주에 기반한 지휘가 필요할 때는 직접 연주하며 신뢰감 속에서 실력을 발휘할 수 있도록 환경을 만들어 주고요.

그렇다면 음악 실력 외에 음악감독이 갖춰야 할 전문성은 무엇이라고 생각하나요?

우선 대본을 분석해 이야기의 맥락과 의미를 파악할 수

있어야 해요. 뮤지컬은 이야기와 음악이 합쳐진 장르이고, 음악감독은 이야기에 음악을 결합해서 하나의 작품으로 완성하는 과정을 이끄는 사람이니까요. 결국 음악감독의 목표는 이야기와 음악이 잘 어우러지게 만드는 거죠. 만약 음악만 하고 싶다면 솔리스트[17]를 하는 게 맞겠죠(웃음).

대본을 잘 분석하려면 평소에 다양한 뮤지컬 공연을 보는 게 좋아요. 공연을 보면 볼수록 이야기와 음악이 어떻게 결합해 어떤식으로 무대에서 구현되는지 알 수 있거든요. 책, 영화, 드라마 같은 글을 기반한 작품들을 보는 것도 도움이 되고요. 이때 가능한 한 다양한 장르를 흡수할 수 있도록 자신의 취향과 거리가 먼 작품들도 봐야 해요.

본인이 선호하지 않는 장르를 접하면서 전문성을 키우는 것은 쉽지 않은 일일 듯해요.

그래도 해야 돼요. 본인이 선호하는 장르만 할 수 있는 건 아니니까요. 저도 여전히 마음을 비우려고 노력해요(웃음). 작품만 보려고 하죠. 작품이 관객에게 하고 싶은

---

17 솔리스트(Soliste): 독주 독창을 하는 사람을 의미한다.

이야기가 무엇인지, 메시지가 명확한지 분석하는 일에 집중해요. 메시지가 작품의 장르와 방향성을 결정하는 데 중요한 역할을 하니까요.

작품의 메시지에 따라 작품의 완성도가 달라질 수 있겠네요. 작품의 완성도가 높아질수록 흥행 가능성도 커질까요?

작품성이 고스란히 작품의 흥행과 연결되면 좋긴 한데요(웃음). 작품의 흥행에는 많은 요소가 개입하기 때문에 분명하게 이야기할 수 없는 부분이에요. 제작진이 생각했을 때 흥행할 것 같은 작품이 흥행 못 하기도 하고, 흥행을 확신하기 어려운 작품이 크게 흥행하는 경우도 있어요. 요즘은 관객들의 취향이 크게 작용해요. 관객의 취향을 파악할 수 있는 안목도 필요해진 셈이죠. 특히 팬데믹 시기를 겪고 나서 관객이 선호하는 장르가 바뀌었어요. 코로나 발병 이전에는 다소 어두운 분위기를 지니고 있거나 현실에서 쉽게 일어날 수 없는 강렬한 소재의 작품을 선호했다면, 이후에는 따뜻하고 아름다운 이야기를 가진 작품들을 선호하는 모습을 볼 수 있었어요.

사회적, 문화적 요인에 따라 관객이 선호하는 장르가 계속 변하는군요. 뮤지컬계에서는 이 부분에 대해 어떤 견해를 갖고 있는지 궁금해요.

    제작사 및 배우들과 관객 선호도에 대해 많은 이야기를 나누는데요. 본인들도 관객이 무엇을 좋아하는지, 어떤 요소에 열광하는지 정확하게 감지하기 어렵다고 해요. 공연의 흥행 여부도 마찬가지고요. 제작진의 의지로 조절할 수 없는 부분이다 보니 많은 고민을 안고 있죠.

뮤지컬 제작에 다양한 변수가 존재하는 만큼 뮤지컬계가 끊임없이 변화할 것으로 예상되네요.

    무엇보다 시간이 지날수록 관객의 연령대가 지금보다 더 넓어질 것이라고 예상해요. <다시, 봄>이 중년층에게 큰 호응을 얻는 현상을 보며 느꼈죠. 중년 관객도 본인이 공감할 수 있는 작품들이 지속적으로 상연된다면 계속 공연장에 찾아올 것이라고요.

다양한 관객층에는 중년뿐만 아니라 유아를 비롯한 청소년도 포함되겠죠. 현재 운영 중인 어린이 창작 뮤지컬 제작사 '숲 아트'를 시작한 계기도 이와 같을까요?

    '숲 아트'는 유년 시기를 보내는 아이들이 그 나이 때에 접하면 좋은 예술 작품을 뮤지컬을 통해 경험하길 바라는 마음에서 시작한 거예요. 제 아이가 유치원에 다닐 때 학부모로서 유치원에서 진행하는 외부 공연기획사의 공연을 보러 간 적이 있었어요. 직업이 음악감독이다 보니 다른 학부모들과는 다른 시각으로 공연을 보게 되었는데요. 음악부터 주제까지 아쉬운 부분이 많더라고요. 그때 아이들에게 정성이 담긴 뮤지컬 작품을 보여주고 싶은 마음이 생겼어요.

'숲 아트'의 규모와 작품 제작 과정도 궁금해요.

작가님이 대본을 쓰고 제가 곡을 만들어요. 작품 하나를 만드는 데 소요되는 시간은 대략 육 개월 정도고요. 예산이 넉넉하지 않아 극장 대관을 하지는 못하고 공연을 보고 싶어 하는 아이들이 있는 곳에 찾아가서 공연하고 있어요. 조명같이 큰 비용이 드는 부분은 과감히 포기하고 대본과 음악, 배우들의 의상에 집중했죠. 가지고 있던 자본을 모두 모아서 첫 작품을 준비했던 일이 기억나요(웃음).

공연을 본 이들의 반응은 어땠나요?

극장처럼 제대로 된 시설을 갖춘 환경에서 진행하는 공연이 아니어서 공연 완성도를 걱정했는데요. 다행히 아이들부터 유치원 관계자들까지 모두 좋아해 줬어요. 그

동안 유치원에서 볼 수 있던 공연과는 다른 점이 많았거든요. 대본과 음악에 집중한 점이 주요했다고 생각해요. 전문 작가와 함께 아이들을 위한 이야기를 만들고 실력 있는 연주자와 함께 라이브 연주로 MR을 만들었어요. 특히 작가님이 '숲 아트' 설립 의도에 공감해 준 덕분에 좋은 작품을 개발할 수 있었죠.

'숲 아트'는 직접 운영하는 회사이다 보니 상업 작품을 진행할 때와는 다른 시도를 할 수 있을 듯해요.

장르적으로 새로운 시도를 계속하고 있어요. 뮤지컬을 통해서 음악이 다른 장르와 결합될 때의 효과를 경험했거든요. 음악은 다른 장르를 입체적으로 느낄 수 있게 만들어요. 낭독 공연처럼 서로 다른 장르가 결합된 형식의 공연을 주기적으로 하고 있죠. 공연장에서 라이브 연주와 함께 시 낭독을 들으면 책으로 시를 읽었을 때보다 더 다양한 감각으로 시를 경험하게 돼요. 함께 공연을 준비한 시인들의 반응도 좋았어요. 본인의 작품이 음악을 만나 입체적으로 변화하는 모습을 보며 새로운 예술 세계를 경험한 덕분이라고 생각해요. 다양한 협업을 할수록 음악은 사람이 생각하는 것보다 더 큰 매력을 가진 예술이라는 것을 깨닫게 돼요.

음악교육도 하고 있다고 들었어요. 국내뿐만 아니라 중국에서도 감독님의 교육에 관심이 많다고요.

    뮤지컬 관련 강의를 몇 회 진행했는데 수업을 들은 이들 중에 중국 배우들이 있었어요. 그중 한 배우가 중국에서 엔터테인먼트 사업을 시작하면서 저에게 현지 뮤지컬 강의를 요청했죠. 강의를 시작할 때는 단지 사업을 도와주려고 시작했는데 매년 수강생들이 늘어났어요(웃음). 코로나 발병으로 교육을 중단한 이후로는 다시 진행하지 않고 있어요.

중국 뮤지컬 시장의 현황도 궁금해요. 더불어 음악감독으로서 중국 시장 진출을 염두에 두고 있는지도요.

    현재는 국내보다 십 년 정도 뒤처진 상황으로 보이지만, 워낙 성장하는 속도가 빨라서 곧 국내와 비슷한 수준이 될 것이라고 전망해요. 중국 현지에서 국내 뮤지컬 작품에 많은 관심을 갖고 있기도 하고요. 그리고 중국 시장 진출에 대해서는 당장 계획은 없어서 확답할 수가 없네요. 앞서 언급했던 중국 엔터테인먼트 대표가 저와 교육 사업을 계속하고 싶어 해서 기회가 마련된다면 뮤지컬 교육을 다시 하지 않을까 싶어요.

음악 교육을 하다 보면 뮤지컬 음악감독이 되고 싶은 학생들을 만날 텐데요. 조언을 해주는 편인가요?

사실 특별한 조언을 하지는 않아요(웃음). 대신 뮤지컬이라는 장르가 정말 재밌는지 물어봐요. 만약 재밌지 않으면 음악감독을 하지 말라고 말해주죠. 재미를 느끼지 못하면 결국 포기할 수밖에 없거든요. 뮤지컬 일이 생각보다 고되고 힘들어요. 학생들이 생각하는 만큼 많은 돈을 벌 수 있는 것도 아니고요. 대신 뮤지컬 음악감독이 되면 다양한 장르의 음악을 여러 작품으로 경험할 수 있다는 직업의 매력에 대해 알려줘요. 이런 직업적 매력을 느끼면서 일할 자신이 없다면 다시 생각해 보라고 하죠.

음악감독이 되기 위해 여러 고민을 안고 열심히 준비하는 독자분들도 있을 텐데요. 그분들에게 도움이 될 수 있는 이야기를 해준다면요.

정말 간절하고 스스로 기회를 열심히 찾는다면 음악감독이 될 수 있는 방법들을 발견할 수 있다고 생각해요. 실제로 주위를 둘러보면 많은 방법이 있어요. 사설 교육기관 위주로 다양한 뮤지컬 창작 과정이 있거든요. 멘토와 연결해 주는 프로그램에 참여하거나 공모전에 참가할 수도 있고요. 물론 불과 몇 년 사이에 이런 환경이 조성되어 잘 모를 수도 있을 텐데요. 결국 의지의 문제예요.

스스로 준비가 되었는지 확인도 해야 하고요. 기회가 왔을 때 자신감을 갖고 해낼 수 있는 마음가짐도 필요해요. 기회가 왔는데도 준비가 안 되어 있거나 '어떻게 하지?'라며 걱정만 한다면 다른 사람에게 기회를 뺏기겠죠. 많은 사람을 만나는 직업이라서 좋은 관계를 만들고 유지할 수 있는 능력도 갖추면 좋아요. 배우, 연주자를 비롯해 음향, 무대감독처럼 다양한 전문가들과 함께 일하니까요.

마지막으로 이 일을 정말 좋아해야 해요. 현실적으로 열악한 부분들이 자신에게 문제가 되지 않을 정도로 말이죠. 현장은 사람들이 상상하는 것만큼 화려하지 않거든요. 누구에게도 지지 않을 실력을 가지고 진심으로 사람을 대하면 기회는 반드시 찾아올 거예요.

PERSON 06

뮤지컬 음악감독은
관객에게 마음을 건넨다

한정림

PERSON 06
한정림

자기소개 부탁드려요.

뮤지컬 음악감독 한정림입니다. 오랜 시간 뮤지컬계에 몸담고 있지만 스스로 아웃사이더라고 생각하는 사람이에요(웃음). 클래식 작곡을 전공했고 연극 <한여름 밤의 꿈>의 작곡가로 음악 일을 시작했어요. 뮤지컬 대표작으로는 <빨래>, <캣츠>, <프리실라>, <하데스 타운>, <오페라의 유령-내한 공연> 등이 있습니다.

뮤지컬이 아닌 연극 작품이 시작이었군요.

맞아요. 한국예술종합학교 음악원을 다닐 당시 담당 교수님이 저에게 꿈을 물어보셨어요. "뮤지컬 작곡이요."라고 답을 했는데 어느 날 연극 <한여름 밤의 꿈>의 곡 작업을 제안하시더라고요. 얼떨결에 뮤지컬이 아닌 연극 작곡가로 음악 일을 시작하게 된 거죠. 이후에 "네가 작곡한 곡이니 음악감독도 겸해보면 어떨까?"라는 말씀과 그 분위기에 떠밀려 음악감독까지 하게 됐어요(웃음). 그러다 뮤지컬 작곡을 하는 친구의 부탁으로 그 친구 작품의 음악감독을 하면서 뮤지컬 음악감독을 시작하게 된 거예요. 그때가 2006년이었으니까 지금까지 꽤 오랜 기간 뮤지컬 음악감독을 하고 있죠(웃음).

유년 시절부터 음악을 가까이했나요?

어렸을 때는 혼자 집에서 피아노를 치다가 학교 선생님 추천으로 피아노 경연 대회에 참가하곤 했어요. 진로를 결정해야 할 시기에는 음악을 전문적으로 배우고 싶었지만, 부모님의 반대가 무척 심해서 그럴 수 없었죠. 뒤늦게 한국예술종합학교 음악원에 지원했을 때도 마찬가지였어요. 아버지께서 많이 노여워하셨어요. 저희 아버지는 뮤지컬 댄스 1세대로 국내에 처음 뮤지컬 댄스를 들여온 분이에요. 아버지가 열정적으로 창작하시는 모습에 많은 영향을 받아 아버지처럼 음악을 하고 싶었는데요. 극심하게 반대하셔서 음악을 제대로 하기까지 많은 어려움을 겪었죠.

아버지께서 그토록 완강하게 반대하신 이유가 궁금해요.

아버지는 제가 어떤 일을 하게 된다면 해당 분야에서 최고가 되길 바라셨어요. 그런데 아버지가 직접 예술계에 몸담아 보니 그 분야에서 최고가 될 때까지 헤쳐 나가야 할 어려움이 너무 많았던 거죠. 딸이 그 어려움을 겪지 않길 바라셨던 것 같아요.

어렵게 예술계에 입문한 뒤 다양한 뮤지컬 작품의 음악감독을 해왔습니다. 뮤지컬은 계약 형태에 따라 라이선스[18], 오리지널[19], 창작으로 나눌 수 있는데요. 감독님은 주로 어떤 형태의 공연을 해왔나요?

언급한 공연 중 라이선스는 다시 레플리카[20]와 논레플리카[21]로 나뉘는데요. 두 가지 중 레플리카 공연을 많이 했어요. 특별히 레플리카를 선호했다기보다는 레플리카의 특성과 제가 작품을 진행하는 방식이 잘 맞았다고 생각해요. 레플리카 공연의 가장 큰 특징은 공연 준비부터 공연을 시작하고 마칠 때까지의 총 제작 기간이 길다는 것인데요. 하나의 작품을 시작하면 동시에 다른 작품을 하지 않는 제 작업 방식이 레플리카 공연에 적합했던 거죠.

---

18 라이선스(License): 해외 원작자에게 저작료를 지급하고 판권을 사들인 뒤 우리말로 공연하는 것을 통칭한다.

19 오리지널(Original): 해외 현지에서 공연됐거나 공연 중인 작품을 원형 그대로 보여주는 공연으로 초연 당시의 제작진과 출연 배우, 무대 세트가 그대로 적용된다.

20 레플리카(Replica): 원작의 음악과 가사는 물론 안무, 의상, 무대까지 똑같이 공연하되 배우만 국내에서 캐스팅하는 공연을 말한다.

21 논레플리카(Non-Replica): 원작을 수정, 각색, 번안해 국내 정서에 맞도록 재구성한 공연을 의미한다.

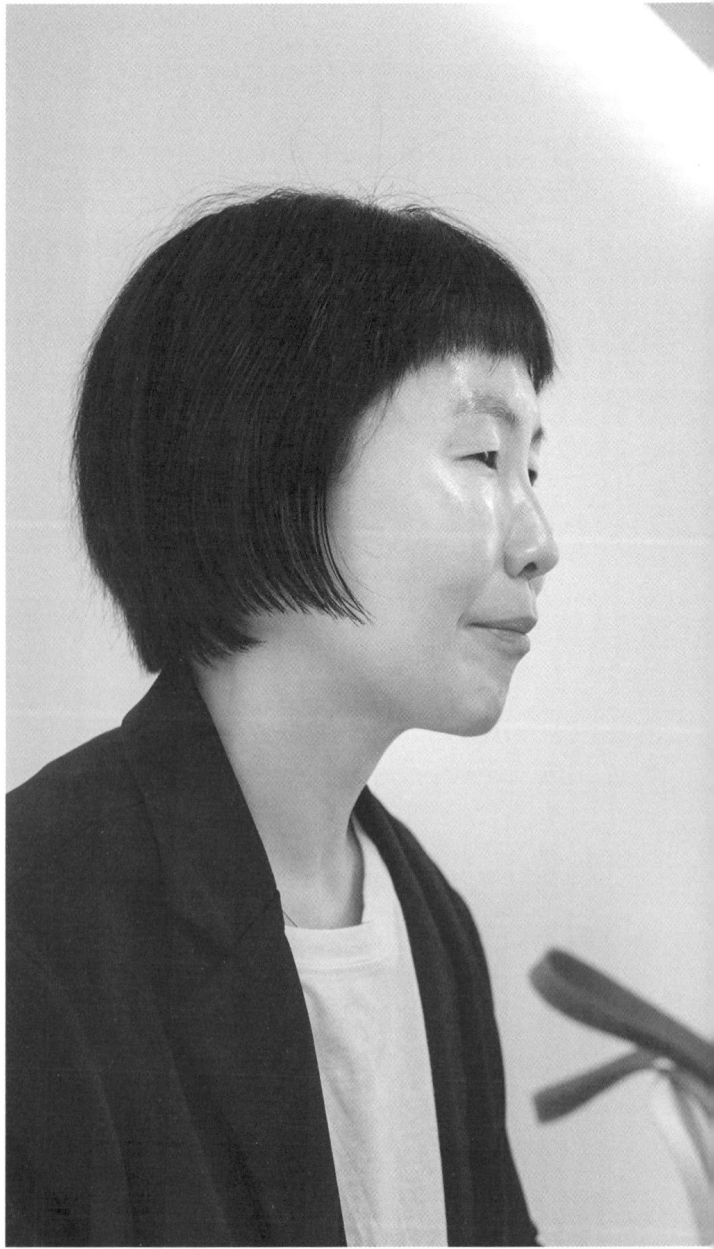

레플리카 공연과 창작 공연의 가장 큰 차이는 무엇이라고 생각하나요?

창작 공연의 가장 큰 특징은 공연할 때마다 관객과 소통할 수 있는 부분들을 계속 만들어 갈 수 있다는 점이에요. 회마다 관객의 반응을 살피며 작품 속에서 개선이 필요한 부분들을 수정할 수 있어요. 반면 내용 수정을 할 수 없는 레플리카에서는 원작이 가진 독창성을 제대로 재현하는 것이 중요해요. 제대로 재현하면 할수록 관객의 긍정적인 반응을 볼 수 있죠.

레플리카 공연에서 원작의 독창성을 제대로 재현한다는 것은 작품의 어떤 부분까지 재현하는 건가요?

작품의 사소한 부분까지 원작 그대로 재현한다고 생각하면 돼요. 음악감독 스스로 의문을 가지거나 자칫 관객이 불편을 느낄 수 있는 요소라도 반드시 원작과 동일하게 재현해야 해요. 공연을 준비하다 보면 해외 제작사의 의도를 명확하게 파악하기 어려운 부분을 발견하는데요. 현장에 있는 해외 슈퍼바이저는 제 의문을 명쾌하게 해결해 주지 않아요. '그냥 해.' 같은 일방적인 답변만 할 뿐이죠(웃음). 가끔씩 곡을 만든 작곡가가 내한하는 경우가 있어요. 그럴 때 작곡가에게 물어보면 '내가 이 곡을 작곡할 때 이런 느낌이었어. 지금은 너의 생각이 맞는다고 생각할 수 있지만, 공연을 하다 보면 다르게 느낄 수 있을 거야.' 식의 답변을 듣기도 했어요.

국내 관객 또한 레플리카 공연을 볼 때 원작이 얼마만큼 재현되는지에 대해 높은 관심을 갖겠죠. 음악감독 입장에서 관객의 이런 관심을 어떻게 바라보나요?

상당히 많은 관객이 해외에서 원작을 본 후 레플리카 공연을 보러 오는데요. 원작과 차이가 나는 부분을 귀신같이 알아봐요(웃음). 작품의 마니아라고 할 수 있죠. 그들이 커뮤니티에서 공연에 대해 다양한 이야기를 나누는 모습은 작품에 대한 관심과 애정을 바탕으로 하고 있다고 생각해요. 긍정적인 시선으로 바라보고 있어요.

레플리카 작품을 하다 보면 창작을 하고 싶은 욕구와 작품의 독창성을 지켜야 하는 의무감 사이에서 갈등할 것으로 보여요.

맞아요. 갈등이 불쑥불쑥 튀어나오고 그 정도도 심한 편이죠(웃음). 특히 뮤지컬을 시작했을 때 자주 갈등을 느꼈어요. '이 부분은 오히려 이렇게 하면 좋을 것 같은데.'라는 생각을 많이 했죠. 이십 년 동안 꾸준히 작품을 해오면서 점차 '그때 내 생각이 다 맞았던 건 아니구나. 그대로 하라는 이유가 있었구나.'라고 깨닫게 됐어요. 물론 끊임없이 갈등하는 제 모습을 보며 공연을 지속할 수 있을

지 의문이 든 순간도 있었지만, 그런 과정을 겪은 덕분에 더 여유로운 마음으로 작품에 임하게 됐어요. 참여한 작품을 다시 진행하게 되는 경우에는 처음 공연했을 때의 제 생각과 비교해 보면서 재미를 느끼기도 해요(웃음).

관객이 한 편의 뮤지컬 공연을 보기까지의 준비 과정이 궁금해요.

우선 제작사로부터 공연 진행 제안을 받아요. 일정과 음악 등 공연을 진행하기 위해 필요한 정보를 바탕으로 진행 가능 여부를 검토하죠. 진행이 확정되면 배우 오디션을 시작하는데요. 가사 작업이 필요한 라이선스 작품의 경우 오디션이 시작되기 전에 가사 작업을 진행하기도 해요. 그렇게 해야 작업을 마친 가사로 오디션을 진행할 수 있고 더 나은 방향으로 수정할 수 있거든요. 오디션을 마치면 선발된 배우들과 함께 약 8주 동안 연습을 해요. 마지막으로 공연장에서 최종 리허설을 하고 관객을 만나는 거예요.

다른 음악감독이 초연한 작품을 본인이 재연할 경우 가사 수정을 하는 경우도 있나요?

가사로 인해 공연 진행에 문제가 발생할 일이 없다면 이미 작업된 가사는 수정하지 않아요.

그동안 가사 작업을 했던 작품들 중 유독 작업하기 어려웠던 작품이 있었나요?

    <캣츠>와 <하데스 타운>, 두 작품이 많이 어려웠어요. <캣츠>는 '송스루 뮤지컬[22]'로 공연의 모든 대사가 노래로 진행되는데요. 서사가 중심이 되는 공연 방식에 익숙한 국내 관객은 '송스루'라는 표현 방식이 낯설 수 있어요. 그 느낌을 완화하기 위해 노래의 가사들이 하나의 서사를 이룰 수 있게 수정해야 했는데 그 작업이 쉽지 않았죠.

    <하데스 타운>은 원작의 음악만큼 훌륭한 가사를 만들고 싶다는 욕심이 지나치게 커서 힘들었어요(웃음). 원곡 가사의 외국어 억양과 번역된 한국말의 억양이 너무 달라서 한국어 가사가 원곡의 분위기를 제대로 살리지 못하더라고요. 최대한 곡과 한국어 가사가 어우러질 수 있도록 매만지는 작업을 하다 보니 수정을 멈출 수가 없었죠(웃음).

---

22 송스루 뮤지컬(Song Through-Musical): 처음부터 끝까지 대사 없이 노래로만 구성된 뮤지컬로 배우들 간에 대사를 주고받는 일반적인 뮤지컬과 다르게 캐릭터 소개, 극 진행 등 모든 부분을 노래로만 표현한다.

시간과 비용 등 여러 측면을 고려했을 때 공연 완성도에 대해 타협이 필요한 경우가 있겠죠.

 그럴 때도 있지만 제가 타협하는 것 자체를 힘들어하기 때문에 되도록 타협할 일을 만들지 않으려고 해요. 예를 들어 동시에 여러 작품을 진행할 경우 무엇보다 시간에 쫓기게 되는데요. 이때 타협할 일이 많이 생기더라고요. 그래서 하나의 공연에 임하게 되면 그 작품에만 집중하려고 노력하고 있어요. 물론 한 번에 많은 작품을 제안받은 경우는 아직 없네요(웃음).

한 작품의 가사 작업을 마치는 데에 소요되는 시간도 궁금해요.

 작품마다 차이가 있는데요. <캣츠>와 <하데스 타운>의 경우 약 사 개월 정도 소요됐어요.

가사 작업에 공을 들인 만큼 관객의 반응도 그에 상응한 편인가요?

 관객의 반응이 다양해서 어떻다 이야기하기는 어려워요. 가사 작업을 할 때 관객의 반응을 예상해 보는 정도죠. <하데스 타운>의 경우 브로드웨이에서 뜨거운 반응을 얻은 작품이다 보니 브로드웨이에서 작품을 보고 국내 공연을 보러 온 이가 많을 것이라고 추측했어요. '특정 장면에서 한국어 가사보다 영어 가사로 들었을 때 메

시지 전달이 더 잘된다고 느낄 수도 있겠구나.'라고 생각
했죠.

앞서 언급한 대로 가사 작업 후에는 배우 오디션을 진행할 텐
데요. 배우 오디션을 진행할 때 배우들의 실력 외에 특별히 중
점을 두고 심사하는 부분이 있나요?

저는 작품이 완성된 공연으로 관객에게 선보였을 때의
모습만이 아니라 선보이기까지의 과정도 중요하게 생각
해요. 그 과정은 오랜 시간이 소요되는 만큼 저 혼자 만
들 수 없고 배우, 크리에이터와 함께 만들어 가야 하죠.
그래서 그 긴 과정을 함께하는 동안 시너지 효과를 낼
수 있는 생각의 유연함이 있는지 살펴봐요.

오디션 현장에서 짧은 시간 안에 각 배우가 지닌 생각의 유연
성을 파악하는 일이 쉽지 않을 듯해요. 어떤 방법으로 파악하
나요?

배우들이 주어진 과제를 수행하고 나면 그 자리에서 제
가 추가 제안을 해요. '이 부분은 이렇게 다시 해보면 어
떨까요?'라는 식으로요. 그때 배우들이 어떻게 반응하는
지를 보죠. 제 말을 정확하게 이해하지 못하는 배우, 듣
고 바로 연기나 노래로 보여주는 배우, 그 자리에서 완벽
하게 해낼 수는 없어도 머리로 이해하고 표현하려고 노

력하는 배우로 나뉘어요.

음악감독의 말을 빠르게 이해하는 배우들과 함께 작업할 때 감독과 배우 모두에게 긍정적인 효과가 나타나겠네요.

저는 음악감독이 배우들에게 일방적으로 음악을 가르치는 사람이라고 생각하지 않아요. 앞서 이야기했듯 공연은 감독과 배우의 협업으로 만들어진다고 생각하거든요. 배우가 헤맬 때 방향을 제시해 줄 수 있지만, 일방적으로 감독의 방향에 맞추길 바라지는 않아요. 협업을 하다 보면 서로의 의견이 너무 달라 조율의 여지가 없는 경우도 발생하죠. 그럴 때는 어쩔 수 없이 누군가의 방향에 맞춰야 하겠지만 되도록 그렇게 하지 않으려고 해요. 작업하는 모든 과정에서 각자가 느끼는 감정을 서로 편하게 이야기하고 공연의 방향성을 논의하며 조율해 가야죠. 그때 필요한 것이 생각의 유연성이라고 생각해요. 물론 모든 배우가 제가 지향하는 방식을 선호하지는 않아요. 가야 할 방향을 바로바로 명확하게 제시하는 감독 스타일을 좋아하는 배우들도 있죠.

주연의 경우 제작사에서 직접 섭외하는 경우가 있다고 들었어요. 작품마다 섭외 기준이 달라지겠네요.

제 경우 작품의 음악을 들었을 때 바로 머릿속에 떠오르는 배우가 있어요. 그 배우와 작품을 진행하는 경우가 가장 이상적일 텐데요(웃음). 저는 추천만 할 뿐 섭외를 총괄하는 일은 제작사에서 하고 있어요. 만약 해당 배우의 참여가 불가능하다는 답변을 전해들을 경우 제작사와 크리에이터들이 모여 다시 의견을 나누죠.

배우를 결정할 때 내부 구성원들의 의견이 좁혀지지 않는 경우도 발생하겠죠. 이 경우 어떤 방식으로 서로의 의견을 조율하나요?

그냥 기다려요(웃음). 이를테면 음악감독, 연출가, 안무가 모두 각자 추천하는 배우가 다를 수 있잖아요. 그럴 때 일부러 의견을 맞추기 보다는 배우들의 일정이 공연 일정과 맞는지 확인될 때까지 기다리는 거예요. 확인된 일정에 따라 작품을 함께할 수 있는 배우가 결정되니까요. 각자가 추천하는 배우의 일정이 맞지 않아 참여가 어렵다고 확인되면 아쉬움이 들기도 하고 안도감을 느끼기도 해요(웃음).

레플리카 공연의 경우 배우를 섭외할 때 원제작사의 승인 과정도 필요하겠죠.

 맞아요. 국내에서 오디션을 할 때 배우들이 연기하는 모습을 영상으로 촬영해서 해외 제작사에 보내요. 그쪽에서 영상을 검토한 후 최종 승인을 하면 그 배우와 함께 작품을 할 수 있는 거예요.

해외 제작사에서는 평소 국내 배우에 대해 관심을 갖고 있지 않기 때문에 배우의 인지도나 경력보다는 실력을 중심으로 평가할 텐데요. 그런 점에서 국내 제작사와 해외 제작사 사이의 의견 차이가 발생하겠어요.

 양측이 원하는 배우가 다른 경우가 있죠. 언급한 것처럼 해외 제작사에서는 영상으로 판단할 수 있는 배우의 역량을 기준하지만, 국내에서는 배우의 역량 외에도 배우들 사이의 팀워크와 연기 경험까지 고려하기 때문이에요. 연습을 시작할 때부터 공연을 마칠 때까지 함께해야 하니까요. 연습 과정부터 무리가 예상될 경우 양측이 협의를 진행하죠.

오케스트라도 오디션을 통해 선발하나요?

 창작 공연은 별도로 오디션을 진행하지 않아요. 레플리카 공연의 경우 배우 오디션과 동일하게 국내에서 오디션을 진행하고 촬영한 영상을 해외 제작사에 보내요. 해외 제작사에서 오디션 영상을 검토한 후 그들의 입장에서 미흡하다고 판단할 경우 작품에 조금 더 적합한 연주자들을 추천해 달라고 요청하죠.

오케스트라와 더불어 밴드와도 공연하고 있죠. 현재 함께하는 밴드 멤버들과는 십 년 이상 합을 맞춰오고 있다고요.

네. 십오 년 동안 함께해 왔어요. 밴드 멤버들에게 너무 고마운 점은 모든 공연 일정을 마칠 때까지 다른 공연을 할 수 없고 다른 장르에 비해 수익이 낮음에도 계속 작품을 같이 하는 거예요. 다행히 요즘에는 밴드 내에서 서로 다른 일을 할 수 있도록 공연을 분담하고 있어요. 메인 연주자들과 서브 연주자들이 공연 일정을 나누어 연주하죠.

다시 감독님에게 초점을 맞춰볼게요. 첫 뮤지컬 공연과 최근 공연을 비교했을 때 크게 변화를 체감한 부분이 있는지 궁금해요.

첫 공연 당시에는 문제가 발생하면 원인을 제 자신이 아닌 외부에서 찾았어요. 물론 외부에도 원인이 없던 건 아니었지만 계속 핑곗거리를 찾았던 거죠. 지금은 가장 먼저 저부터 돌아봐요. 예술의 전당에서 해마다 열리는 교향악 축제가 계기였어요. 서울을 비롯해 전국에서 활동하는 모든 오케스트라가 한곳에 모여 공연하는데요. 우연히 울산 교향악단의 연주를 듣는데 눈물이 펑펑 쏟아졌어요. 그들의 연주가 정말 훌륭해서요. 문득 이런 생각이 들더라고요. '저렇게 연주를 잘하기까지 얼마나 많은 연습을 했을까?', '지휘자는 어떤 생각을 가지고 오케스트라를 이끌었을까?'. 이후부터는 '이 한 번의 공연이 모두에게 최고의 공연이 되도록 혼신의 힘을 다해야 한다. 음악이 이끄는 대로 음악에 모든 것을 맡기자.'라는 생각으로 임해요. 연주자들도 제가 공연에 집중하도록 언제나 힘을 실어주고요.

무대에 선 순간 공연장에 있는 모든 이의 시선이 일제히 본인에게로 향할 텐데요. 그때 느끼는 부담감이 상당할 듯해요.

무척이나요(웃음). 특히 지휘할 때 크게 느끼는 편이에요. 보통 배우들의 연기 호흡에 맞춰 지휘하는데, 배우들의 호흡이 매회 달라지니까요. 배우들의 호흡을 한순간도 놓치지 않기 위해 고도로 몰입할 때 부담감이 동반되죠. 신기한 점은 그렇게 몰입해서 공연하면 음악감독이 감당해야 하는 부담감 같은 무거운 감정들이 깨끗이 사라져요. 일종의 카타르시스를 경험하는 거죠. 저뿐만 아니라 배우들도 느껴요. '감독님! 오늘 공연이 왜 이렇게

좋죠?'라면서요(웃음). 이러한 몰입의 순간들이 모든 공연을 마칠 때까지 공연을 이끌 수 있는 강력한 힘으로도 작용해요.

관객의 반응을 감지하는 본인의 느낌에 대해 뮤지컬을 시작할 당시와 최근을 비교해 본다면 어떤 차이가 있나요?

여전히 공연할 때마다 관객의 반응을 느껴요. 달라진 점은 관객의 반응을 크게 신경 쓰지 않는 배짱이 생겼다는 거예요. 관객의 즉각적인 반응을 느끼는 것도 중요하지만 관객이 보고 있는 그 순간 공연에 집중하는 것이 관객의 반응에 대한 보답이라고 생각하거든요.

관객의 찬사를 받을 수 있는 커튼콜 때 어떤 감정을 느끼는지도 궁금해요.

몹시 쑥스러워요. 그래서 음악감독 초기에는 많은 지적을 받기도 했어요. 관객에게 인사한 다음 어떤 감정의 교류도 없이 바로 착석했거든요(웃음). 지금은 음악감독으로서 조금 더 멋진 모습을 보여드리기 위해 관객에게 시선을 맞춘 후 '저희가 준비한 공연 즐겁게 보셨나요?'라는 마음을 담아 한 번 더 인사를 건네고 있어요.

가장 애착이 가는 작품과 가장 아쉬움이 남는 작품이 있다면 무엇인가요?

<하데스 타운>은 작품에 참여했다는 것 자체가 영광이었어요. 음악적으로 높은 완성도를 지닌 훌륭한 작품에 누를 끼치지 않도록 실력을 계속 향상시켜야 한다는 점을 일깨워줬죠.

가장 아쉬웠던 작품은 <캣츠>예요. <캣츠>도 원작이 훌륭한데, 국내에서 재현할 당시 원작의 독창성을 온전히 표현하지 못했어요. 다시 공연할 기회가 생긴다면 지난번 공연의 아쉬웠던 점들을 보완해서 원작의 독창성을 제대로 선보이고 싶어요.

공연할 때 '음악감독'이라는 역할은 변하지 않지만, 다양한 장르를 넘나드는 만큼 장르마다 중점을 두는 부분이 다를 듯해요.

연극에서는 음악이 작품의 서사와 배우의 연기에 녹아들면서도 존재감을 유지하는 것에 중점을 둬요. 뮤지컬에서는 음악감독 역할 자체에 균형감을 가지려고 하고요. 작품을 이끌어가야 할 때와 한 걸음 뒤에서 지켜봐야 할 때를 구분해서 상황에 필요한 역할을 하죠. 콘서트에서는 최대한 뮤지션이 공연에 집중할 수 있도록 환경을 마련해요. 뮤지션 본인이 즐겨 사용하는 MR을 사용하거나 뮤지션의 음악 분위기에 맞춰 연주를 진행하죠.

세 가지 장르 중 가장 선호하는 장르는 무엇인가요?

특정 장르를 선호하기보다는 제가 좋아하는 음악이 있는 장르를 선택해 왔어요. 그러다 보니 자연스레 다양한 장르의 작품을 할 수 있었죠. 업계에서는 '본인이 좋아하는 작품만 한다.'고 이야기하기도 하는데요(웃음). 결과석으로 작품을 선택하는 제 기준이 공연 완성도에 긍정적인 영향을 준다고 생각해요.

요즘은 본업 외에 할 수 있는 사이드 프로젝트에 관심이 많죠. <한정림의 음악일기>도 사이드 프로젝트라고 볼 수 있을 듯해요.

저는 내향적 기질임에도 사람들과 소통하고 싶은 욕구가 있었어요. 잘할 수 있는 음악이라는 예술 안에서 소통할 만한 좋은 도구가 무엇일지 늘 고민했죠. 그 고민이 직접 쓴 곡을 피아노 연주로 들려주는 <한정림의 음악일기>라는 공연으로 실현된 거예요. 음악감독이 아닌 '음악인'으로서 관객과 만나는 거죠.

제 안에 있는 이야기를 사람들에게 들려준다는 의미를 담아 공연 이름을 <한정림의 음악일기>로 지었어요. 공연 콘셉트는 빠르게 변화하는 일상 속에서 변하지 않았으면 하는 마음을 생각하는 시간이고요. 그동안 크고 작은 지원금을 받아 매년 일이 회씩 해온 공연이 어느덧 올해로 이십 회가 됐어요. 앞으로도 꾸준히 공연하고 싶어요. 곡을 쓰고 연주자들과 함께 연습하는 모든 과정이 음악인으로서 큰 행복을 느끼는 순간이거든요.

이번에는 음악감독의 역할에 초점을 맞춰볼게요. 뮤지컬 음악감독에게 필요한 여러 능력 중 반드시 갖춰야 하는 능력이 있다면 무엇이라고 생각하나요?

딱 한 가지만 꼽을 수는 없을 것 같네요. 개인이 가진 능력은 모두 다르니까요. 각자가 가진 능력 중 한 가지라도 많은 이가 인정할 만큼 독보적인 강점으로 만드는 것이 더 중요해요. 그 강점을 모두에게 납득시킬 때 필요한 좋은 태도까지 갖추면 더 좋고요.

그렇다면 본인의 강점은 무엇이라고 생각하는지 궁금해요.

지휘를 하면서 동시에 연주까지 할 수 있는 거예요. 아직까지 국내에서 음악감독이 지휘하면서 직접 연주까지 하는 경우가 흔하지는 않거든요.

감독님만의 특별한 소통 방식이 있나요?

피아노 연주로 구성원들에게 의사를 전달해요. 언어로 소통할 때 발생하는 오해를 줄일 수 있고 어렸을 때부터 오랜 시간 함께 해온 피아노가 익숙하기 때문이죠. 작품의 음악을 어떻게 이해하는지 피아노 연주로 들려주면 모두가 '알겠어요.'라고 해요. 한 번의 연주로 구성원 모두가 '아!' 하며 이해하는 거죠. 소통을 잘하기 위해서 피아노 연습을 더 열심히 하게 됐어요(웃음).

음악감독의 역할을 국내와 해외로 나누어 비교해 본다면 어떤 차이가 있나요?

국내에서는 음악감독의 역할이 지휘에 집중되어 있어요. 해외에서는 음악감독이 지휘하면서 동시에 악기 연주도 하는 편이에요. <하데스 타운>을 예로 들어볼게요. 저는 이 공연에서 지휘를 하는 동시에 아코디언을 연주해야 했어요. 원래 지휘하면서 피아노 연주를 해왔으니까 아코디언 연주를 하는 것에 대한 거부감은 없었는데요. 매일 이십 시간동안 14킬로그램의 아코디언을 들고 배우는 과정이 힘들었어요. 해외 슈퍼바이저에게 어려움을 토로했더니 '이 공연에는 단순히 아코디언을 연주할 수 있는 사람이 필요한 게 아니에요. 누구보다 작품을 제대로 이해하고 이끌 수 있는 음악감독이 본인의 이해력을 바탕으로 아코디언 연주까지 해주길 바라는 거죠. 피아노를 연주하는 것처럼 아코디언도 연주할 수 있을 거예요.'라는 답을 들었죠. 이를 통해 해외에서는 음악감독이 전문 연주자 이상으로 훌륭하게 연주해 내는 경우가 흔하다는 것을 알 수 있었어요.

국내에서 뮤지컬 음악감독이 되려면 보통 어떤 과정을 거치는지 궁금해요.

우선 현역에서 활동하는 음악감독과 연결이 돼야 해요. 뮤지컬계에 종사하는 누군가로부터 소개받는 거죠. 음악감독과 연결되어 같이 일할 수 있는 기회가 생긴다면 공연 연습 반주자부터 시작하는 거예요. 반주 실력을 인정받으면 조감독이 될 기회가 생기고 조감독이 되어 실력을 인정받으면 음악감독이 될 수 있죠. 여느 직업처럼 채용공고를 보고 지원하거나 특정 교육 과정을 이수해서 할 수 있는 건 아니에요.

종종 음악감독이 되려면 어떻게 해야 하는지, 저에게 레슨을 받을 수 있는지 같은 문의를 받는데요. 레슨을 해줄 수는 없지만(웃음) 어느 정도 실력을 가지고 있는 이에겐 작품을 하고 있는 음악감독에게 연습 반주자로 작품에 참여할 수 있는지 또는 오디션을 볼 수 있는지 문의해 보라고 조언하죠. 기회가 닿아 함께 작품을 하게 되면 거기서부터 음악감독이 될 수 있는 길이 시작되니까요.

뮤지컬 음악감독 자리에 대한 공급과 수요의 비율이 비슷한 편인가요?

보통 음악감독 곁에는 오랜 기간 함께 작품을 해온 조감독이 있어요. 조감독은 음악감독이 부재할 경우 그 역할을 대신하죠. 음악감독이 동시에 여러 작품을 진행할 경우 음악감독 혼자서 모든 작품의 연습을 이끌 수는 없으니 조감독이 일부 맡는 거예요. 이때 음악감독은 본인을 대신해 똑똑하게 현상을 이끌 수 있는, 오랫동안 합을 맞춰온 조감독을 현장에 세우겠죠. 이처럼 함께 일해온 이들과 계속하게 되니까 현실적으로 새로운 이들이 음악감독을 할 수 있는 기회가 많지 않은 실정이에요.

조감독 같은 후배들의 직업적 성장을 위해 계획하고 있는 일들이 있는지 궁금해요.

아직 구체적으로 준비하는 부분이 있는 건 아니에요. 다만 최근에 지금까지 쌓아온 기술의 이론화 작업과 그것을 바탕으로 토론하는 문화가 뮤지컬계에 필요하다는 생각을 하기 시작했어요. 예술을 할 때 자신의 노력으로 실력을 향상시키는 것도 중요하지만, 오랜 기간 한 분야에서 꾸준히 활동해온 선배들의 연륜을 통해 배울 수 있는 점도 있거든요. 이 두 가지가 공존한다면 개인의 성장과 더불어 본인이 몸담고 있는 예술 분야도 더 풍요로워질 거라 생각해요. 선배들이 이루어낸 결실을 흘려보내지 말고 참고하길 바라는 마음인 거죠.

음악감독을 준비하는 이들이 꼭 접했으면 하는 콘텐츠가 있나요?

레너드 번스타인Leonard Bernstein의 '청소년을 위한 관현악 입문'이라는 영상 자료를 추천해요. 온라인이나 영상 자료원에서 볼 수 있는데요. 레너드 번스타인이 각 악기를 어떤 관점으로 이해하는지 잘 살펴봤으면 해요. 저는 모든 예술의 근본이 클래식 음악이라고 생각하기 때문에 이 영상을 통해 기본기를 단단하게 다질 수 있다고 생각해요. 나중에 본인이 하고 싶은 음악을 하는 데에도 자양분이 될 거고요.

마지막으로 음악감독을 준비하는 분들에게 조언 한마디 부탁드려요.

현실이 녹록지 않아서 '뜻이 있으면 길이 열린다.' 같은 희망의 말씀은 못 드릴 것 같아요. 다만 열리지 않는 길을 열기 위해서 스스로 어떤 노력을 할지 현명하게 판단했으면 좋겠어요.

물론 위와 같은 판단을 해야 하는 사람이라면 스스로 부끄럽지 않을 정도의 실력을 갖고 있어야겠죠. 어떤 기회가 주어졌을 때 해낼 수 있을 정도의 실력이요. 기회가 언제 어디서 찾아올지 모르니까요. 일을 시작할 때 '지금부터 준비해야지.'라고 생각하면 이미 늦었다고 보고요. '뮤지컬 음악감독이 되겠어.'라는 막연한 생각이아니라, 기회를 잡을 수 있는 제대로 된 실력을 갖추는 것이 가장 빨리 길을 열 수 있는 방법이라고 생각해요.

PERSON 07

뮤지컬 음악감독은
모든 과정을 책임진다

김성수

PERSON 07
김성수

자기소개 부탁드립니다. 대표작을 함께 소개해 주셔도 좋을 듯해요.

음악 하는 김성수입니다. 제가 잘할 수 있는 음악이라는 도구로 제 생각을 표현하는 사람이에요. 예술 분야에서 다양한 음악 작업을 하고 있어요. 뮤지컬계에서는 음악감독으로서 작품의 음악을 총괄하고, 작품에 따라 작곡과 편곡을 병행하기도 합니다. 그동안 해왔던 작품으로는 뮤지컬 <베르나르다 알바>, <지저스 크라이스트 수퍼스타>, <광화문 연가>, 넷플릭스 시리즈 <오징어 게임>, <피지컬 100>, 공연 <디즈니 플러스 런칭쇼>, <서태지 25주년 기념 공연>, 무용극 <왕자 호동>, <굳빠이, 이상> 등이 있습니다.

음악을 직업으로 삼게 된 특별한 계기가 있나요?

지금 생각해 보면 유년 시절에 듣던 음악과 성인이 된 후 경험하게 된 시대의 영향이 컸어요. 레드 제플린Led Zeppelin, 필립 글래스Philip Glass, 마이클 니만Michael Nyman 같은 해외 뮤지션들의 음악을 들었고요. 성인이 된 이후에는 정치, 문화적으로 혼란스러운 1980년대를 겪었죠.

당시 사회 전반에 걸쳐 팽배했던 수직적인 조직 문화와 이견 대립으로 갈등이 심화되는 모습을 지켜보면서 '사회생활을 잘할 자신이 없다.'라는 결론을 내리고 음악으로 눈을 돌렸어요. 계기가 막연하죠(웃음).

음악을 독학했다고 들었어요.

당시에는 지금처럼 학원이나 개인 레슨을 통해 음악을 쉽게 배울 수 있는 시대가 아니었거든요. 음악에 대한 정보 교류가 흔치 않기도 했고요. 고등학생 때 기타를 다룰 수 있게 되면서 음악을 시작했어요. 기타를 선택한 이유는 집안 사정으로 피아노 같은 고가의 악기를 구입하거나 관련 교육을 받을 수 없었기 때문이에요. 지금도 그런 문화가 있는지 모르겠지만, 그때는 기타를 잡으면 사람들이 멋있게 봐주는 경향도 있었고요(웃음). 록 밴드 음악을 들으면서 기타 코드를 따고, 곡을 썼어요. 해외 음악 잡지에서 정보를 얻기도 하고요.

록이라는 장르로 음악을 독학하면서 뮤지컬 음악감독을 꿈꾸었나요?

아니요. 사실 뮤지컬 음악감독이 될 줄 몰랐어요. 당시에는 뮤지컬을 좋아하지 않았거든요. 고등학교를 졸업하면 기타를 전문적으로 배울 수 있는 해외 유명 음악 학교를 가려고 했는데요. 부모님의 반대가 심해서 가지 못했어요. 대신 국내 대학교에서 영미문학을 공부하면서 클럽 공연으로 밴드 음악을 계속했죠. 대학교를 졸업하고 나서 아르바이트로 돈을 벌어 결국 유학을 갔고요(웃음). 현악, 관악, 편곡을 배우고 국내에 들어온 후 인디 음악을 프로듀싱하면서 본격적으로 음악 일을 시작했어요. 제가 잘할 수 있는 일이라고 생각하기도 했고, 상업적인 성공을 떠나서 제가 듣고 싶은 음악을 만들고 싶었거든요. 많은 인디 뮤지션의 음악을 작업하다 보니 인디 음악 프로듀서로서의 인지도도 얻게 됐죠.

그러던 중 2002년에 <포비든 플래닛>이라는 뮤지컬 작품의 음악감독 제안을 받았어요. 작품의 음악이 주로 밴드 음악이었는데요. 제작사에서는 오랫동안 인디 뮤지션들의 음악을 프로듀싱한 제가 적임자라고 판단한 듯해요. 저도 제가 좋아하는 셰익스피어의 희곡『템패스트』를 각색한 작품이었기 때문에 하고 싶었고요. <포비든 플래닛>을 시작으로 지금까지 라이선스와 창작 뮤지컬을 병행하며 작품 활동을 해왔어요. 특히 <대장금>은 음악감독을 맡은 첫 번째 창작 뮤지컬로 편곡에도 참여했죠. 제 색을 제대로 반영한 편곡 작업으로 창작자로서의 정체성을 가질 수 있게 해준 작품이기도 해요. 대중에게는 <지저스 크라이스트 수퍼스타>로 알려지게 됐어요. 제가 처음 지휘한 작품이기도 합니다.

무대에서 첫 지휘를 했을 때 어떤 느낌이었을지 궁금해요.
많이 떨렸어요(웃음). 관객을 제외한 모든 공연 관계자들이 제 큐[23]에 집중하고 있으니까요. 엄청난 부담감 속에서 무사히 공연을 마쳤죠. 관계자들과 관객들의 반응도 좋았고요.

작품에 따라 음악감독뿐만 아니라 작곡과 편곡도 병행했다고 언급했는데요. 그중 음악감독 역할을 꾸준히 해온 이유가 있을까요?
제가 작업한 곡을 다른 음악감독이 무대에서 구현할 때 제 의도와는 다르게 흘러가는 부분들이 생기더라고요. 아쉬움이 많았죠. 제가 작업한 곡들이 제 의도대로 온전히 구현되려면 직접 음악감독을 해야겠더라고요(웃음).

---

23 큐(Cue): 연기, 음악, 조명, 음향, 카메라 등의 타이밍을 지시하기 위해 정해 놓은 사인을 말한다.

본인이 작업한 곡을 무대에서 직접 구현한다는 점이 음악감독이라는 직업의 큰 매력일 수 있겠네요. 감독님은 음악감독의 역할을 어떻게 정의하나요?

음악감독은 작곡가가 만든 곡을 작곡가의 의도대로 구현하는 일을 해요. 조금 더 이야기하면 작곡가의 문법을 제대로 해석하는 것부터 배우와 오케스트라를 통해서 곡이 관객에게 들려지기까지의 모든 과정을 책임진다고 볼 수 있어요. 작곡가가 곡의 창작을 주도한다면, 음악감독은 그 곡을 바탕으로 공연을 주도하는 거죠. 라이선스 작품을 공연할 때는 원작의 작곡가가 국내에 상주하지 않으니 해외 작곡가의 역할을 대신하기도 하고요.

음악감독이 해외 작곡가의 역할을 대신할 때는 구체적으로 어떤 일을 하나요?

국내 정서에 맞게 원곡을 수정하고 재구성해요. 스몰 라이선스[24]를 보유한 작품에 한해서요. 각 작품의 계약 내용에 따라 작업 가능 범위도 달라요. 제가 참여했던 작품을 예로 들면 <빅 피쉬>, <썸씽로튼>, <베르나르다 알바>는 자유롭게 많은 부분을 수정할 수 있었고 <지저

---

24 스몰 라이선스(Small license): 라이선스 작품의 일부 구성 요소만 국내에 맞춰 재창작하는 형식을 의미한다.

스 크라이스트 수퍼스타>의 경우 편곡가가 작업한 편곡을 조금 다듬은 정도였어요.

원곡을 수정할 수 있는 기회가 음악감독에게는 또 다른 창작의 기회일 듯해요.

그래서 조심스럽게 작업해야 합니다. 본인이 작곡하지 않은 곡들을 수정할 경우 자칫 스스로 작곡했다고 착각할 수도 있거든요. 무대에서 관객의 반응이 좋을수록 더 그렇죠. 프로 음악감독이라면 창작자가 아닌 감독으로서 본인의 역할에 충실해야 돼요.

음악감독이 본인의 역할에 충실하려면 곡을 창작하는 작곡가와의 소통이 중요해 보여요. 소통의 빈도도 높을 것 같고요.

맞아요. 작곡가와 협의가 필요한 부분이 많거든요. 작곡가가 곡 작업을 마치면 곡에 대한 논의를 하고, 필요에 따라 곡에 대한 재가를 받기도 해요. 작곡가와 연출가 사이에서 다양한 의견을 조율하기도 하죠.

작품 안에서 음악감독과 작곡가, 연출가를 포함한 모든 구성원은 각자의 역할에 따라 서로 연결되어 있어요. 특히 음악감독은 모든 구성원과 연결되어 있다고 볼 수 있죠. 그래서 음악감독이 중심에 서서 각 구성원과 어떻게 소통하는지가 중요해요. 구성원들 간 관계가 작품에 고스란히 영향을 미치니까요. 게다가 각자의 성격과 소통하는 방식이 모두 다르고, '좋음'에 대한 절대적인 판단 기준이 없기 때문에 음악감독 스스로 기준을 정해두고 어떤 결정을 할 것인지 잘 생각해야 해요. 결국 음악감독은 작곡가, 연출가, 편곡가, 연주자, 제작사 사이에서 그들의 언어를 통역하는 사람인 거예요.

감독님 본인은 주로 어떤 방법으로 소통하나요?

설득하는 쪽이에요. 주장이 강한 편이거든요(웃음). 그렇다고 강압적으로 설득하는 것이 아니라, 제 생각에 맞는다고 생각하는 부분이 있을 때 시도하는 거죠. 설득해 보지만 제 뜻대로 안 될 경우도 있어요. 그럴 때는 묵묵히 받아들여요 (웃음).

다양한 구성원과 소통하는 작업이 감독님의 성향과도 잘 맞나요?

성향보다는 주어진 상황 속에서 수집된 의견을 바탕으로 생각하고 결정하는 속도가 중요하다고 생각해요. 공연은 시간과의 싸움이거든요. 빠른 공연 진행을 위해서 적절한 방법으로 소통하고 정확하게 판단하는 일에 집중하죠. 소통이 원활하지 않아 협의하는 데에 시간이 지체되는 경우에도 공연은 해야 하거든요.

최종 결정권을 가지고 있다는 것만으로도 책임감의 무게가 느껴질 듯해요.

그래서 음악감독은 본인이 '결정을 할 수 있는 사람'인지 확인해야 해요. 음악감독이 어떤 사안에 대해 결정하지 못하면 누구도 공연할 수가 없어요. 인간적으로 좋은 사람일지라도 결정을 해야 할 때 하지 못하면 나쁜 사람이 되는 거죠(웃음). 게다가 결정하지 못하는 상황들이 이어진다면 음악감독 스스로 책임지지 못할 문제들만 늘어나는 거고요.

제대로 된 결정을 하려면 객관적인 관점도 필요하겠네요.

그렇죠. 음악감독은 자신이 공연에서 너무나 중요한 사람이라고 생각하기 쉬운 자리예요. 어느 정도 본인의 중요성을 인지하고 자존감을 가져야 할 수 있는 역할이지만, 그 생각이 과도할 경우 착각하기 쉽다는 거죠. 작품과도 조금 거리를 둘 필요가 있어요. 열정이 과해지면 어느 순간 자신과 작품만 보게 되거든요. 공연은 본인과 작품 외에 다양한 요소로 이루어져 있는데도 말이죠. 열정이 과할수록 실수하는 빈도도 높아져요. 작품을 이유로 자신의 실수를 합리화하기도 쉽고요. 그래서 음악감독은 자신과 작품을 객관적인 시선으로 볼 수 있어야 해요.

이번에는 최근 뮤지컬계에 대한 이야기를 나눠보려 해요. 현재 뮤지컬 산업이 크게 성장하고 있죠. 성장의 원동력 중 하나가 대중의 관심일 텐데요. 대중의 기호를 염두에 두고 음악 작업을 하는 편인가요?

음악보다는 어떤 배우가 작품에 참여하는지가 중요한 것 같다는 생각이 드네요(웃음). 우선 음악으로 흥행에 성공할 수 있는 작품을 만들려면 관객이 좋아하는 구성 혹은 요소들을 읽을 수 있어야 할 텐데요. 기획 단계부터 그런 부분을 고려해서 작업하지는 않아요. 제가 지향하는 작업 방식도 아니고 제가 잘할 수 있는 영역도 아니거든요. 무엇보다 뮤지컬이라는 장르에서 음악으로 흥행할 수 있는 작업 공식이 있다고 생각하지도 않아요. 오히려 저는 관객이 작품의 음악을 어렵게 느끼지 않도록 곡의 난이도를 조정하는 일에 집중하죠. 뮤지컬 산업 성장을 위한 음악도 중요하겠지만 관객이 온전히 작품을 감상할 수 있는 음악을 만들고 싶거든요. 음악감독이 작품 외에 여러 가지 부분에 과하게 신경 쓰면 자기 검열에 빠질 수도 있기 때문에 경계하는 부분이에요.

앞서 이야기 나눈 바와 같이 티켓 파워를 가진 소수의 배우에 의해 흥행이 좌우되는 것이 현실이기도 하죠.

오히려 저는 더 많은 대중이 다양한 뮤지컬 작품을 경험할 수 있으려면 티켓 파워를 가진 배우들의 선택이 중요하다고 봐요. 세계적으로 인정을 받고 유명한 작품이지만 아직까지 국내에서 흥행을 보장할 수 없는 작품들이 있거든요. 티켓 파워를 가진 배우들이 그런 작품들을 선택한다면 작품의 흥행과 더불어 뮤지컬 업계 자체가 더 풍성해질 거라 생각해요.

예를 들어 국내 관객에게 낯선 소재와 분위기의 작품이 국내에서 상연되고 오랜 기간 선보일 수 있게 된다면 그 이유 중 하나가 배우에 있다고 보는 거죠. 물론 티켓 파워를 가진 배우가 특정 작품을 선택했기 때문에 그 작품이 잘됐다고 말하는 건 아니에요. 그런 선택들이 있었기에 공연이 시작될 수 있었고 지속할 수 있는 가능성이 커졌다는 뜻이죠. 한편으로는 뮤지컬계도 긴장해야 한다고 생각해요. 티켓 파워를 가진 배우들과 함께 작품을 하는 만큼 완성도에 더욱 신경 써야 할 테니까요.

배우들도 그들의 티켓 파워만큼 출중한 실력을 가지고 있다는 점을 상기할 필요가 있겠네요.

그럼요. 지금까지 꾸준히 작품을 선보이는 배우들은 그만한 실력을 가지고 있어요. 반면 인기에 비해 실력이 부족하다면 본인의 실력을 점검해 볼 필요가 있겠죠. 인기로 인해 몇 번의 공연은 성공시킬 수 있겠지만 지속할 수는 없으니까요. 어느 분야나 마찬가지겠지만 뮤지컬도 실력을 바탕으로 하지 않으면 배우든 작품이든 지속할 수 없는 분야예요.

배우를 캐스팅할 때 실력 외에 중점적으로 보는 부분이 있다면요?

우선은 매력을 봐요. 뮤지컬은 무대 예술이기 때문에 배우가 무대에 올라갔을 때 매력적인지 살펴보죠. 배우가 등장인물의 의상을 소화하는 모습, 각 장면을 연기하는 모습, 노래를 부르는 모습을 상상해 보는 거예요. 다음으로는 취향을 봐요. 배우와 예술적으로 교류하려면 배우가 가진 취향이 무엇인지 알아야 하니까요. 배우의 취향을 알게 되면 그 배우를 깊게 이해할 수 있고, 공연의 모든 과정에서 어떤 방식으로 맞춰갈 수 있을지 방향도 설정할 수 있어요.

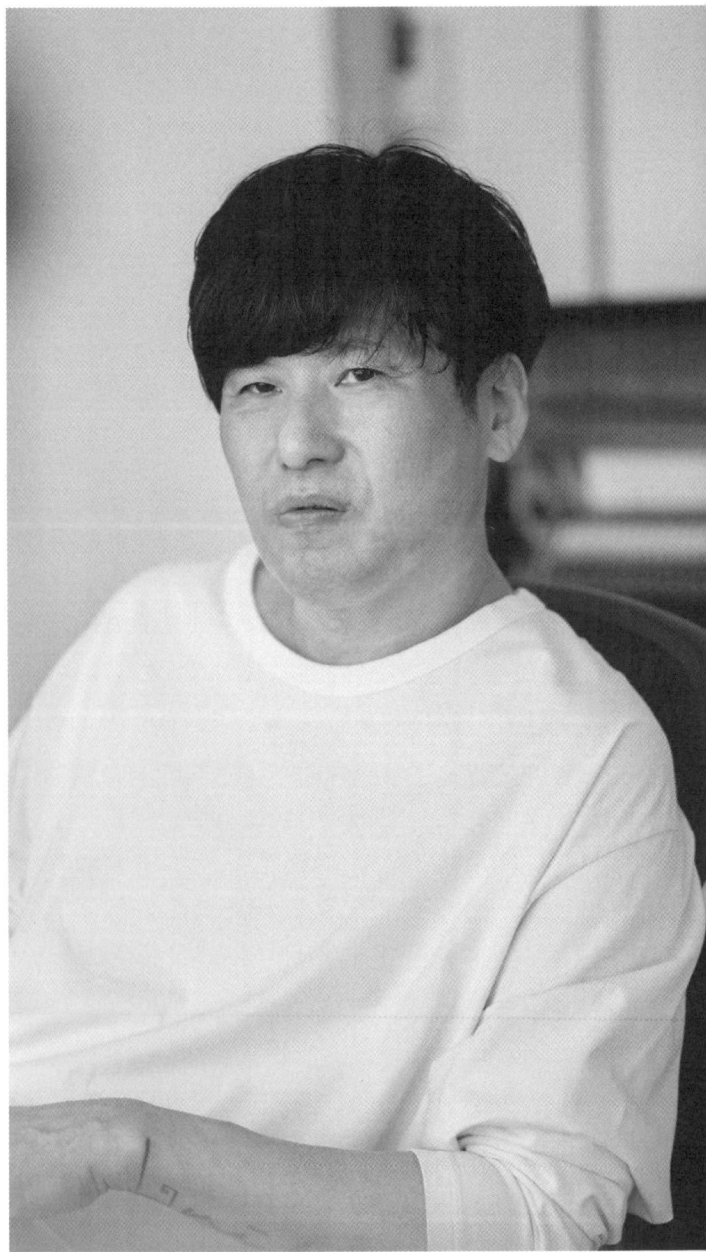

이번에는 감독님 본인에 대한 이야기를 나눠보겠습니다. 음악감독으로서 본인의 장점은 무엇이라고 생각하나요?

작품을 함께했던 배우가 그러더라고요. 항상 배우들이 100% 이상의 기량을 펼칠 수 있도록 현장에서 편안함과 신뢰를 주는 감독이라고요. 술 마시면서 한 이야기이긴 합니다만(웃음). 언제나 배우의 능력을 최대치로 표출할 수 있는 지점을 빠르게 파악해요. 다르게 이야기하면 배우의 기량을 끌어올릴 때 목표 지점을 설정하기보다는 배우 스스로 원하는 지점까지 자연스럽게 도달하도록 가급적 관여하지 않는 편이에요. 이렇게 하면 배우를 몰아붙이지 않아도 어느새 그들이 원하는 지점에 도달해 있어요.

또 하나는 조금 다른 접근법으로 공연을 이끄는 점이에요. 예를 들어 보통 앙상블 연습을 감독할 때 배우들의 목소리를 하나의 소리로 만들려고 할 텐데요. 저는 그들에게 일부러 소리를 맞추려 하지 말고 각자의 목소리로 노래하라고 해요. 이는 앙상블 배우들이 연기하는 군중이 실제 상황에서 각자의 목소리를 내기 때문이죠. 오케스트라와 연습할 때도 이와 유사한 방향을 제시해요. 각 연주자의 연주가 미세하게 어긋나고 합쳐지면서 더 웅장한 소리를 표현할 수 있거든요. 많은 단원으로 오케스트라를 구성하는 이유 중 하나가 각자가 가진 '다름'이기 때문이죠.

처음 연습을 함께하는 구성원들에게는 감독님의 접근법이 낯설게 느껴질 수도 있겠어요.

그래서 연습 초반에는 구성원들의 의식을 전환하는 데 많은 시간을 투자해요. 음악 연습을 하기보다는 우선 대화를 많이 나누죠. 연습 시간이 한 시간이라면 사십 분 정도 작품을 분석하면서 서로 많은 이야기를 주고받아요. 각 장면에서 음악을 통해 표현해야 하는 메시지를 이해시키면서요.

감독님 본인에게 가장 애착이 가는 작품은 무엇인가요?

<굿빠이, 이상>이에요. 원작 소설을 바탕으로 이상 시인과 그의 삶이 지닌 모호함을 가무극으로 풀어낸 작품이죠. 음악감독뿐만 아니라 작곡가와 편곡가, 공연 연주자로도 참여했어요. <굿빠이, 이상>은 내용부터 내용을 표현하는 공연 형식, 대사, 안무, 음악까지 관객의 입장에서는 다소 난해하다고 느낄 수 있는 작품인데요. 작품이 지닌 난해함을 매력적으로 느낄 것이라고 확신하고 그 난해함을 음악으로 구현하는 데 집중했어요. 공연을 마친 후 작품 자체가 또 다른 이상 시인으로 보였다는 반

응이 인상적이었어요. 배우부터 작품 제작에 관계된 모든 이의 노력으로 상업적으로 좋은 성과를 거뒀고요.

반면 많은 아쉬움을 남긴 작품이 있다면요?

모두 희비가 엇갈리는 작품이에요(웃음). 첫 번째는 <에드거 앨런 포>라는 작품이에요. 이 작품을 통해 음악감독으로서 어떤 역할을 하고 싶은지 발견할 수 있었어요. 에릭 울프슨Eric Woolfson이라는 뮤지컬 대가의 곡들과 제가 작업한 곡들이 함께 실연되어서 공연 크레디트에 공동 작곡으로 표기되는 영광을 얻기도 했는데요. 재연했을 때 제가 원하지 않은 방식으로 곡들이 수정되어서 많이 아쉬웠죠.

두 번째는 <베니스의 상인>이에요. 처음 작품이 발표되었을 때는 음악으로 많은 비판을 받았고 상업적으로도 큰 성공을 거두지는 못했어요. 이 작품을 위해 구상했으나 사용되지 못했던 아이디어를 바탕으로 만든 음악들이 <오징어 게임>의 'Pink Soldiers핑크 솔저스'와 <피지컬 100>의 메인 배경음악이 되었죠. 제작 당시에 호응을 얻지 못했던 음악들이 시간이 흘러 새로운 작품에서 좋은 반응을 얻으니 감회가 새로웠지만 그래서 더 아쉬움이 남아요.

뮤지컬 음악감독을 직업으로 고민하는 분들 혹은 준비하는 분들에게 조언 한마디 부탁드려요.

조감독부터 시작해서 악보계[25]까지 할 수 있다면 다른 이보다 유리한 입장에 설 수 있다고 생각해요. 악보를 편집할 수 있는 '시벨리우스 아티스트'나 '피날레' 같은 실무 프로그램을 능숙하게 다룰 수 있으면 좋겠죠. 사실 악보계가 하는 일이 쉽지는 않아요. 어려워서 도전하지 않는 이들이 많다 보니 악보계가 많이 없는 실정이고요. 이런 측면에서도 분명 유리한 부분이 있는 거죠.

모든 음악감독이 편곡 작업을 하지는 않기 때문에 악보계의 중요성을 간과할 수도 있을 텐데요. 악보계를 하면 많은 이점이 있어요. 우선 편곡을 해석할 수 있는 능력을 키울 수 있어요. 음악감독이 직접 편곡을 하지 않더라도 공연하려면 편곡가가 작업한 편곡을 해석해야 되는데요. 이때 큰 도움이 돼요. 또한 악보를 보는 만큼 악보에 기재된 아티큘레이션[26]을 자연스럽게 습득할 수 있어요.

---

25 악보계(Librarian): 오케스트라의 모든 악보를 책임지고 관리하는 역할을 말한다.

26 아티큘레이션(Articulation): 악상에 따라 각 음표를 음악적으로 발음하고 연결하기 위한 여러 가지 방법으로 표현 주법으로 레가토, 논레가토, 스타카토, 포르타토 등이 있다.

그럼 오케스트라에게 적합한 아티큘레이션을 제시할 수 있죠. 결국 이 말은 지휘까지 할 수 있게 된다는 뜻이에요.

악보를 다루는 것 외에 또 어떤 준비를 하면 좋을까요?

음악과 관련된 자신의 강점을 파악하고 발전시키는 것이 중요해요. 당연한 이야기지만 음악감독이 가진 강점은 작품과 배우에게 큰 도움이 돼요. 노래를 잘하는 음악감독이 다른 음악감독보다 배우들에게 노래를 더 잘 가르칠 수 있는 것처럼요. 강점을 발전시키면 음악감독으로서 자신의 정체성이 확고해지겠죠.

또한 음악을 많이 듣길 바라요. 음악하는 이들이 예상외로 음악을 듣지 않더라고요. 음악을 듣지 않아도 음악을 할 수 있어서 그런 것 같기도 한데요. 음악감독은 곡을 만든 작곡가의 의도를 알아야 공연을 이끌 수 있어요. 작곡가의 의도를 파악하려면 음악을 많이 들어야 하고요. 대중음악보다는 자신의 예술성을 높일 수 있는 음악을 들으면 더 좋죠. 작품의 서사를 제대로 이해할 수 있도록 다양한 책도 읽고요. 정리하면 하드웨어만 가진 사람이 되지 말라는 거예요. 본인에게 적합한 소프트웨어도 채우라는 거죠.

작곡에 관심이 있다면 작곡 실력도 키우면 좋아요. 음악감독보다 창작을 할 수 있는 작곡가가 본인 적성에 더 맞을 수도 있으니까요.

뮤지컬계도 다른 산업과 마찬가지로 경쟁이 치열할 듯해요.

현실적으로 음악감독을 하고 싶은 이들이 모두 음악감독을 할 수 있는 건 아니니까요. 보통 조감독을 거쳐 음악감독이 되는데요. 조감독의 음악감독 등단 시기는 담당 음악감독이라고 해서 알 수 있는 게 아니에요. 특정 음악감독의 일원으로 조감독을 한다고 해서 등단이 보장되는 시대도 아니고요. 스스로 어떤 선택을 할 것인지가 중요하죠. 계속 조감독을 하며 등단 시기를 기다릴지, 아니면 적절한 시기에 독립할지요. 이때 필요한 건 시기를 판단할 수 있는 감각일 텐데요. 노력으로 그런 감각을 가질 수 있을지는 장담하기 어려워요. 운도 작용하니까요. 중요한 사실은 기회가 왔을 때 잡을 수 있는 능력을 갖췄는지의 여부겠죠.

현재 본인의 작업을 돕는 조감독들과는 어떤 경로로 함께 활동하게 되었나요?

모두 서울예술대학교에서 제 수업을 듣는 제자들이었어요. 사실 이들은 처음부터 뮤지컬 음악을 하고 싶어서 조감독이 된 건 아니에요. 제가 하려는 '음악'을 같이 해보고 싶어서 합류했는데 그 음악이 뮤지컬이라는 장르가 된 거죠(웃음). 제가 이들과 함께하는 이유 중 하나는 조감독들의 예술적 취향 때문이에요. 배우 오디션에 대해 설명할 때도 언급했지만 소통하기 위해서는 취향이 중요하거든요. 함께 작품을 하려면 작품과 관련된 다양한 배경지식으로 서로 의견을 나누는데, 그때 필요한 지식이 각자가 다져온 취향으로 이루어졌다고 보는 거죠.

끝으로 음악감독이 되기 위한 현실적인 방법을 소개해 준다면요?

우선 본인이 존경할 수 있는 음악감독을 찾아가 관련 직무의 오디션을 보거나, 음악감독과 가까운 이에게 소개를 받아 함께 일할 기회를 마련하면 좋죠. 실제로 이와 같은 방법으로 저와 함께 일했던 조감독 두 명은 현재 음악감독을 하고 있어요.

또 다른 방법으로는 함께 작품 활동을 할 수 있는 작곡가를 만나 성장하는 거예요. 커리어를 쌓을 수 있는 작품 활동을 지속적으로 같이 하는 거죠. 파트너가 된 작곡가의 곡을 계속 편곡하다 보면 점차 다른 작품에 참여할 기회도 주어질 것이고요. 이런 방법으로 각자의 입지가 단단해지면 작곡가는 작곡가대로 음악감독은 음악감독대로 뮤지컬계에서 지속적으로 작품 활동을 할 수 있다고 생각해요.

**THE PERSONS
ORIGINAL SERIES 05**

MUSICAL MUSIC DIRECTOR DICTIONARY

뮤지컬 음악감독 용어 사전

DIMF Daegu International Musical Festival

2006년에 시작한 아시아 최초 국제뮤지컬페스티벌이다.

MR Music Recorded

노래 없이 반주만 녹음된 음원을 말한다

논레플리카 Non-Replica

원작을 수정, 각색, 번안해 국내 정서에 맞도록 재구성한 공연을 의미한다.

디바이징 시어터 Devising Theatre

공연 참여자들이 극 구성에 적극 개입하는 공동창작방식을 의미한다.

라이선스 License

해외 원작자에게 저작료를 지급하고 판권을 사들인 뒤 우리말로 공연하는 것을 통칭한다.

레플리카 Replica

원작의 음악과 가사는 물론 안무, 의상, 무대까지 똑같이 공연하되 배우만 국내에서 캐스팅하는 공연을 말한다.

리바이벌 Revival

오래된 영화나 연극, 유행가 따위를 다시 공연하는 것을 뜻한다.

미디 MIDI, Music Instrument Digital Interface

전자 악기 간의 디지털 신호를 상호 교환할 수 있도록 정해 놓은 일종의 규약을 뜻한다.

사운드 엔지니어 Sound Engineer

음향과 관련된 제작장비의 시스템을 구성하여 작품이나 공연 제작의도에 맞게 음향시스템을 설치하고 조율하는 기술자를 뜻한다.

솔리스트 Soliste

독주 혹은 독창을 하는 사람을 의미한다.

송스루 뮤지컬 Song Through-Musical

처음부터 끝까지 대사 없이 노래로만 구성된 뮤지컬로 배우들간에 대사를 주고받는 일반적인 뮤지컬과 다르게 캐릭터 소개, 극 진행 등 모든 부분을 노래로만 표현한다.

스몰 라이선스 Small License

라이선스 작품의 일부 구성 요소만 국내에 맞춰 재 창작하는 형식을 의미한다.

신시사이저 Synthesizer

소리를 전자적으로 발생시키고 변경시키는 전자 악기로 전기적 장치를 이용하여 리듬과 음색을 자유로이 조절할 수 있다.

아리아 Aria

기악 반주에 맞춰 부르는 선율적인 독창 혹은 이중창을 말한다. 오페라, 오라토리오, 칸타타에서 사용한다.

아티큘레이션 Articulation

악상에 따라 각 음표를 음악적으로 발음하고 연결하기 위한 여러 가지 방법으로 표현 주법으로는 레가토, 논레가토, 스타카토, 포르타토 등이 있다.

악보계 Librarian

오케스트라의 모든 악보를 책임지고 관리하는 역할을 말한다.

오리지널 Original

해외 현지에서 공연됐거나 공연 중인 작품을 원형 그대로 보여주는 공연으로 초연 당시의 제작진과 출연 배우, 무대 세트가 그대로 적용된다.

음역 音域, Range

사람의 목소리나 악기가 낼 수 있는 최저 음에서 최고 음까지의 넓이를 의미한다.

주크박스 뮤지컬 Jukebox Musical

예전의 인기 대중음악을 가져와 무대용 콘텐츠로 재가공한 뮤지컬을 말한다.

초견 初見, Sight-Reading

악보를 보고 처음부터 바로 부르거나 연주할 수 있는 능력을 의미한다.

큐 Cue

연기, 음악, 조명, 음향, 카메라 등의 타이밍을 지시하기 위해 정해 놓은 사인을 말한다.

큐랩 QLab

공연에 필요한 음향, 조명, 영상과 관련된 장비를 제어할 수 있는 Mac 전용 소프트웨어를 말한다.

텔고 θέλγω

매혹하다, 마법을 걸다, 황홀하게 하다 등의 의미를 가진 고대 그리스어를 뜻한다.

트라이아웃 Try-Out

장기 공연을 앞두고 평단과 관객의 반응을 살피면서 작품을 다듬어가는 단계로 활용되는 공연을 말한다.

피트 Pit

오케스트라나 밴드 연주자가 위치하는 공간으로 보통 극장 무대보다 낮은 곳에 위치한다.

**THE PERSONS
ORIGINAL SERIES 05**

INTERVIEWEES
만난 사람들

Person 01.
오민영

뮤지컬 음악감독은
공연 그 자체에
초점을 맞춘다

Person 02.
원미솔

뮤지컬 음악감독은
만족하지 않는다

Person 03.
신은경

뮤지컬 음악감독은
치열한 순간 속에서
작품을 완성한다

Person 04.
이성준

뮤지컬 음악감독은
감동을 전달한다

Person 05.
김길려

뮤지컬 음악감독은
실력으로 이야기한다

Person 06.
한정림

뮤지컬 음악감독은
관객에게 마음을 건넨다

Person 07.
김성수

뮤지컬 음악감독은
모든 과정을 책임진다

THE PERSONS
Professional interview collection 05

MUSICAL MUSIC DIRECTOR Interpreter behind the stage

초판 1쇄 발행 2023년 10월 30일

발행인 이시용

사진 배대웅 · 주철

인터뷰 · 편집 이시용 · 박병영 · 배대웅

교정 · 교열 오원영

디자인 이율희

발행처 더퍼슨스

출판 등록 2020년 1월 7일(제 2020-000043호)

주소 서울시 서초구 강남대로107길 21, 대능빌딩 2층(잠원동)

홈페이지 the-persons.com

전자우편 thepersons.interview@gmail.com

SNS ⓘ thepersons_official

ISBN 979-11-969833-7-6 03070